麦读
MyRead

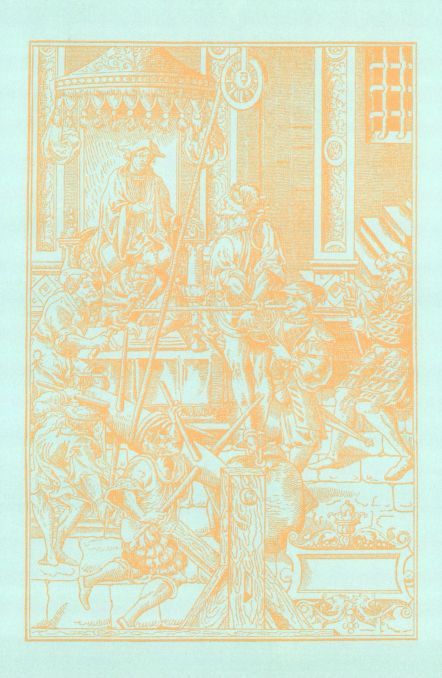

BRIAN INNES

THE HISTORY OF TORTURE

酷刑简史

（图文版）

翻转人类文明的阴面

TO SEE THE YIN SIDE OF HUMAN CIVILIZATION

［英］布莱恩·英尼斯 著

郝方昉 译

中国民主法制出版社

全国百佳图书出版单位

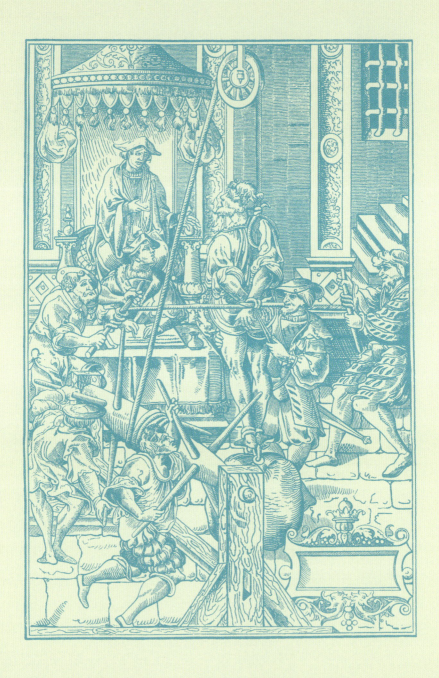

目　录

导　言

　　酷刑是对个人权利与尊严的一种卑鄙、恶劣的践踏，是针对人类的犯罪，绝不应该被正当化。但在某些情形下，酷刑是否也能成为一个选项？1956 年 11 月在阿尔及尔，保罗·泰金就面临这样一个终极困境。

　　保罗·泰金是法国抵抗运动的英雄，"二战"期间他在德国的达豪集中营曾遭受酷刑折磨，现在是阿尔及尔的秘书长。有一个民族主义革命的拥护者——费尔南德·伊维图在其工作的煤气厂安装炸弹时被当场抓获，但有一枚炸弹始终没被找到。如果炸弹爆炸的话，可能会导致数百人丧命。伊维图拒绝透露那枚炸弹藏在哪里，警察局局长就竭力劝说泰金允许他全权决定动用一切手段进行审讯：

　　　　但是我没有同意对他用刑。整个下午我都紧张得直哆嗦。最终，那枚炸弹没有爆炸。谢天谢地！我做对了。因为你一旦开始使用酷刑，就会迷失自己……要知道，恐惧是所有这一切的根源。我们所谓的文明社会笼罩在一层面纱之下，揭开它，你就会发现恐惧。法国人——甚至德国人——并非天生嗜刑。当你看到同伴们的喉咙被切开时，这层面纱就被揭开了。

在1992年的一期美国杂志《新闻周刊》上，纽约的哲学教授迈克尔·莱文在他发表的《酷刑的理由》一文中讲道：

> 在有些情形下，酷刑不仅能被允许，而且在道义上也必须这样做。假设一名恐怖分子在曼哈顿岛上藏了一枚炸弹，将于7月4日的正午引爆。当天上午10点他被抓获，但是抱着"不成功便成仁"的信念，他拒不交代炸弹藏在哪里……如果对这名恐怖分子动用极刑是救人的唯一办法，那有什么理由不这样做呢？我觉得非这样不可……我们和他们不一样，我们只对那些明显有罪的人用刑，并且仅仅是出于拯救无辜者的目的。通过使用酷刑来保证秩序，这并不违背西方民主国家的发展方向。

乍看起来，这种说法无可辩驳。但是致力于人权保护尤其反对酷刑的"大赦国际"则沿着这个逻辑继续类推下去：

> 一个人承认他安装了炸弹：对他使用酷刑能拯救无辜生命。一个人被怀疑安装了炸弹：对他使用酷刑能查清他有没有安装。一个人有一个朋友被怀

疑安装了炸弹：对他使用酷刑能帮助我们找到他那
个朋友。一个人的思想极度危险，可能想要安装一
个炸弹：对他使用酷刑能揭露他的计划。一个人知
道有个人的思想极度危险，可能想要安装一个炸弹：
对他使用酷刑能帮助我们制止他人。一个人拒绝交
代嫌疑犯在哪里：对他使用酷刑能杀一儆百。

正如法国的诺贝尔文学奖得主阿尔贝·加缪所说："酷
刑可能帮我们找到 30 枚炸弹，并以牺牲荣誉为代价挽救一些
生命，但同时又催生出 50 个新的恐怖分子，他们会用其他一
些方式，在其他地方造成更多无辜者的死亡。"

将酷刑正当化往往是为了获取信息：从犯人那里获取其
所犯罪行的信息及其同伙的名字，从战俘那里获取关于作战
计划的信息，从异端分子那里获取关于他们信仰及同伙的信
息，或者从恐怖分子那里获取关于可能危及几十甚至上百个
无辜生命的恐怖活动信息。

令人悲哀的是，在这些情形下使用原本是不可原谅的酷
刑，掩盖了一个毫无道理但更受重视的目的，那就是酷刑也
被视为一种惩罚手段——莱文教授"只对那些明显有罪的人
用刑"的论断，就反映了这一矛盾心理。因而必然导致的结
果是：行刑人这个行当只能吸引来那些最为暴虐的人，使用
酷刑不再是为了获取信息或者对违法行为依法给予制裁，而
是从在不幸之人身上任意施虐的过程中，享受更多权力的

加缪出生于阿尔及利亚，后来到巴黎当了记者。"二战"期间在法国抵抗运动中表现活跃。他写过很多著名的小说，并于 1957 年获诺贝尔文学奖。

快感。

　　但是，我们——作为作者的我，作为读者的你们，以及所有头脑正常的人——肯定不会对其他人用刑。你认为是这样的吗？1974 年在耶鲁大学，斯坦利·米尔格拉姆和他的团队开展了一项实验，以验证人的服从性。他们招募了一些志愿者，告诉他们说这是"一项关于记忆的研究"，研究内容是"如果人们在犯错后受到惩罚，那么将来就不会再犯错"。

　　每一个参加实验的志愿者都被配以一个"学生"，这个"学生"在隔壁的房间里，被绑在一种电椅上，手部绑上了金属电极。志愿者坐在电击控制器前面：控制器上有一排开关，标记着从 15 伏到 450 伏不等的电压。最后四个开关上还标着"危险：强烈电击"的字样。

　　米尔格拉姆团队作为控制人，对志愿者提出要求：每当"学生"给出错误答案时，志愿者就要把电压调高一档作为惩罚。这些志愿者并不知道，这些开关只是个摆设，也不知道那些"学生"在受到更高一档"电击"时所发出的尖叫和求饶是装出来的。虽然很多志愿者都对"电击效果"提出了抗议，但还是继续遵从了控制人的指令，40 人中有 26 人把电压一直调到了最高值。

　　在实验的某些过程中，"学生"停止了哭喊。志愿者虽然也担心"学生"是不是昏迷了甚至死亡了，但是仍然遵从控制人的指令。普罗奇先生对控制人这样说道："如果他死在那儿了怎么办？他告诉我他承受不了这种电击了。我并不想这么残暴，但是我觉得你们应该是心里有底。""我并不想这么残暴！"正如米尔格拉姆所说，"志愿者……知道他在杀人，但是他说话的语气就像是在闲谈一样"。

更令人不安的是巴塔先生的行为。"学生"跟他在同一个房间里，就坐在他旁边。电压达到 150 伏之后，"学生"拒绝再把手放在金属电极上，巴塔先生直接把"学生"的手强按上去。米尔格拉姆说："令人震惊的是他对学生的那种彻头彻尾的冷漠，他压根没把学生当人。同时，他对控制人则是服从的、谦恭的态度。"

荷兰人伦塞勒先生则表现出了我们所期待的那种反应。对"二战"时德国占领荷兰，他可能深有体会。他遵从控制人的指令，一直把电压调高到了 255 伏。控制人要求他必须继续调高，别无选择。他愤怒地回应说：

> 为什么我没有选择？我来这里是出于自愿，想为研究项目帮点忙。但是如果我为此而不得不伤害他人的话，我就不能再继续下去了。我很抱歉。但我想自己已经走得太远了。

米尔格拉姆用志愿者的生存环境和个人修养来解释上述的实验结果。但不幸的是，这些结论对我们所有人都是适用的：

我们不能指望美国民主社会所培育出来的品质，能把美国公民与邪恶权威命令的残忍与不人道待遇隔绝开来。多数人只要知道指令合法权威，就会按照指令去行动，他们不考虑行动的内容为何，也不会受内心良知的控制。

汉娜·阿伦特在她的著作《艾希曼在耶路撒冷——一份关于平庸的恶的报告》中，对这种盲从背后的心理机制作了出色的分析。在讨论"普通德国人"如何应对纳粹提出的解决"犹太问题"的命令——海因里希·希姆莱称其为"一个组织所能接到的最可怕的命令"——时，她写道：

> 所有正常人目睹受刑人身体遭受折磨时，都会本能地产生同情心。如何克服这种同情心？希姆莱本人的本能反应也很强烈，他采取了一种十分简单也可能十分有效的策略来解决这个问题：让这种本能转个方向，不再对受刑人而是对自己产生同情。于是，他们不再说"我对这些人做了多么可怕的事情"，而是说"在履行职责时我不得不面对这么可怕的事情，这给我造成了多么沉重的负担！"。

在一本重要的著作《受苦之身》中，伊莱恩·斯卡里指出了行刑人是如何通过否定受刑人跟他们属于同类，从而拉开与他们之间的距离。受刑人被简化为一个个符号，他们所

斯坦利·米尔格拉姆和他在耶鲁大学关于"服从"的实验中所使用的"电击控制器"。他得出的结论是"美国民主社会并不能保证它的民众不会在邪恶权威的控制下做野蛮残忍的事情"。

受的痛苦，对他们行刑的方式、工具、地点都以日常生活中的常见名词指代。

行刑的行为在阿根廷被说成是"跳舞"，在菲律宾被说成是"生日聚会"，在希腊被说成是"吃点心"。酷刑引发的痛苦，在巴西被称为"打电话"，在越南被称为"坐飞机"，在希腊被称为"听汽车音乐"，在菲律宾被称为"圣胡安尼卡大桥"。

伊莱恩·斯卡里把行刑的这一特点总结如下：

> 通过行刑人的语言、行动和行刑环境，这个世界在囚犯面前呈现出一个三重结构：酷刑这一技术和文化的化身凌驾于医学和法律这两个主要社会制度之上，也凌驾于囚房之上。就像囚徒的供述让他矛盾封闭的内心得以显现一样，行刑人则让这个世界又一次崩塌。文明被带到这个囚徒面前并被毁灭，在这个过程中，文明是用以毁灭他的。

以上是当下关于酷刑的实例。可悲的是，世界上很多地方都还在使用酷刑——至少是半合法地使用。本书主要是讲述酷刑的历史，描述几千年来受刑人所受之苦、行刑方式和行刑工具。但是，正如"大赦国际"反复强调的那样，残暴的行为仍在继续，并且不再仅仅针对那些被视为国家敌人的人，而是针对所有被酷吏们盯上的不幸无辜者。

正如苏格兰诗人罗伯特·彭斯在两个世纪前所写：

人对人施暴，

制造了遍野的哀鸿。

第一章

古希腊罗马的酷刑

不管今天我们多么厌恶酷刑，但是必须牢记的很重要的一点是：至少3000年来，它一直都是合法的，并且实际上是欧洲和远东的大多数法典的一部分。在巴比伦或者犹太的法律体系中虽然没有提到酷刑，但是有证据证明亚述人和埃及人都使用过酷刑。最早的记录可能是一位埃及诗人留下的：大约公元前1300年赫梯人入侵埃及时，法老拉美西斯二世对一些不幸的战俘用刑，以逼取有关敌军部署的信息。

一方面，当时的战俘或者当场被杀，或者沦为奴隶——奴隶是可以被用刑的。在古希腊，战俘也会被用刑。修昔底德在关于伯罗奔尼撒战争（公元前431—404年）的记述中讲到，一位雅典统帅被俘后，科林斯人和叙拉古人担心他们的斯巴达同盟军会对其用刑，从而泄露他们与雅典人的叛国交易，所以就把他处死了。

但是在私法上，大多数希腊城邦通常并不允许对自由公民用刑。另一方面，奴隶和异邦人——他们在希腊社会中没有任何法律地位——是不受保护的。特别是奴隶，还得代替主人受刑。在司法程序中，诉讼当事人经常让自己的奴隶代替自己受刑，或者主张有权对对方当事人的奴隶用刑。

酷刑经常是公开执行，并且当事人有权利自行执行。但是他们一般还是让城邦专职的行刑人（这些人往往以前就是奴隶）来做，因为自由民做这种事会有失身份。

这种通常做法也有例外。在涉及城邦事务特别是涉及谋反的案件中，统治者要对奴隶用刑。如果公民在这种案件中被认定有罪，对他的惩罚也会包含酷刑。

甚至最开明的哲学家也不反对使用酷刑。柏拉图在《理想国》中承认需要建立双重标准：一个是针对自由民的法则，一个是针对奴隶的法则。同样的犯罪行为，自由民可能只是被叱责，奴隶则会被鞭打；公民可能至多被处缴纳罚金，奴隶则会被处死。

从法律上讲，酷刑的主要目的是逼取那些不可能自愿供述的信息。因为公民一般不会被用刑，所以只能从了解主人事务的奴隶那里逼取。但是这种证据的价值值得怀疑。正如亚里士多德所说：

> 逼取的口供如果对我们有利，我们会夸大它的价值，称其为唯一真实的证据；但是如果对我们不利而对对方有利，我们就会说出使用酷刑的真相，

战争中被埃及人抓获的俘虏沦为奴隶，并可能被随意鞭打。大约公元前 1300 年赫梯人入侵埃及时，法老拉美西斯二世对战俘用刑，以逼取有关敌军部署的信息。

从而否定它的价值。

古希腊的一件谋杀案告诉了我们会给这种证据赋予多大的价值——并且直到今天也是这样。一个名叫赫罗狄斯的商人在从米蒂利尼而来的航行中失踪了，在对他的同伴欧西休斯的奴隶用刑后，欧西休斯被指控谋杀。演说家安蒂丰为被告人辩护，并在法庭上说道：

> 你们已经听取了这个人被刑讯逼供前所做的有关延误时间的证言。现在请注意这种审讯的本质。这个奴隶无疑被许诺了自由，揭发了主人，他就不用再受刑。这两个因素都诱导他作假证，正如他现在所做的。他渴望获得自由，他渴望结束酷刑。我想我没有必要提醒你们：刑讯逼取的证言只会对行刑人有利。只要能让他们满意，受刑人什么都愿意说。

从阿里斯托芬的《蛙》中，我们了解到了雅典奴隶所受的酷刑方式。酒神巴克斯的奴仆克桑西阿斯到了冥府，假装是赫拉克勒斯，巴克斯则假装是他的奴隶。冥府的判官埃阿科斯盘问这一对，克桑西阿斯让他的"奴隶"接受拷问：

> 埃阿科斯：怎么拷问？
>
> 克桑西阿斯：随你们的便。给他身上压块砖，往他鼻子里灌酸醋，剥他的皮，拷打他，把他吊起

来，用带刺的棍棒揍他，还可以用别的任何办
法……

僭主的酷刑

希腊城邦早期被僭主——未经合法程序而取得政权的富
人——所统治。几百年后，罗马作家瓦勒留斯·马克西姆斯
收集了一些关于僭主使用酷刑的逸闻。马克西姆斯讲到，哲
学家芝诺卷入一场推翻僭主尼拉科斯的密谋，行刑人对他用
刑以逼迫他揭发同伙。当痛苦难以忍受时，芝诺跟行刑人说，
他只私下里跟尼拉科斯说出他的秘密。当尼拉科斯俯下身子
听芝诺耳语时，芝诺一口咬下了他的耳朵。

另一名受刑人"贤者西奥多"被鞭子抽打、上拉肢架、
被烧红的烙铁烙烫，但是一直没有揭发共谋反对僭主谢洛尼
莫斯的同伙。最后，他揭发了谢洛尼莫斯的一个副手。暴怒
的谢洛尼莫斯立即杀了此人，后来才意识到他上当了。

据希腊历史学家波利比乌斯讲，僭主纳比斯有一种类似
于后来在中世纪德国所使用的被称为"处女之吻"或"纽伦
堡新娘"的刑具，据说后来的西班牙宗教裁判所也使用这种
刑具（见第 8 章）：

这种刑具，如果确实可以这么称呼的话，它外
观是一个盛装女人的形象，塑造得像极了纳比斯的

妻子。当他想要从一个公民那里搜刮钱财时，他就邀请他们到家里来，首先客客气气地告诉他们，他们的国家正受到亚该亚人的威胁，以及需要花钱雇佣的军队人数，等等。但是，如果他的客气话没有奏效的话，他就说：看来我没有能力说服你，但是我相信，我的妻子阿格帕能说服你。

说完这些话，所谓的"阿格帕"就被推出来了。纳比斯拉着"阿格帕"的手，让她从座位上站起来，然后再用双臂抱住这个他一直在游说的人，慢慢将其拉到"阿格帕"前，在衣服的遮盖下，这个"阿格帕"的胸部、手、胳膊上都布满了铁钉。然后按动"阿格帕"背后的秘密机关，这个人就被"阿格帕"紧紧抱在胸前，很快就什么都答应了。

另一种刑具是铜牛。据公元2世纪的作家卢西恩所述，这是一个名叫培利拉欧斯的人为僭主法拉里斯而设计的。铜牛跟真牛一样大小，内部中空，牛身后部有一扇活门供人进入。发明者跟法拉里斯说，把罪犯关到铜牛的肚子里，然后在牛肚子底下生起火来。铜牛的头部巧妙地安装了乐器管，受刑人痛苦的哀号声传出来，就变成了一种悦耳的牛叫声。卢西恩用法拉里斯的口吻讲了这个故事：

"那么现在，培利拉欧斯，"我说，"如果你对

在罗马皇帝统治下，经常使用酷刑，特别是在涉嫌谋反的情形下。乔治·吉西这幅16世纪的版画描述了尤利乌斯·恺撒统治时期的受刑场面。

自己的发明这么有信心的话，那就当场证明给我们
看：爬到牛肚子里模仿受刑人尖叫一下，我们看看
是否会像你所说的，有悦耳的声音传出来。"培利
拉欧斯听令而行。他一钻进牛肚子，我就立刻关上
活门，在底下生起火来。我说："这是对你发明这
件艺术品的奖赏，让你第一个进去歌唱。"就这样，
这个坏家伙为他自己的精彩发明而得到了报应。但
是，不能让他死在里面，把这个好东西玷污了。于
是我命令把他活着拉出来，扔下悬崖，暴尸于野。

罗马法与希腊法一样，规定对奴隶和异邦人可以用刑。
但是与希腊法有一点不同，"奴隶所做的不利于其主人的供
词，是不可相信的。因为主人的生死不能交由奴隶来决定"。
即便奴隶和主人是共犯的情况下，也是如此。除非所犯之罪
是谋反、通奸或者乱伦。

对于涉嫌这些犯罪（以及妻子毒杀丈夫的犯罪）的人，
会被带到法庭上，司法审讯时可以使用酷刑。在罗马皇帝，
特别是那些皈依基督教的罗马皇帝统治下，涉嫌使用巫术或
者妖术的人也在此列。

对于谋反（或者涉嫌谋反）的人，一直都是可以用刑
的。公元 31 年，古罗马禁卫军长官塞雅努斯被指控谋杀罗马
皇帝提比略的独子德鲁苏斯以及密谋废黜皇帝本人。塞雅努
斯被处死，但是提比略惊恐万分，以至于对每一个他不信任

发明家培利拉欧斯发明了一种刑具"铜牛"，将其献给希腊僭主法拉里斯。法拉里斯提议让培利拉欧斯演示一下他的发明，却将他关在铜牛肚子里，并下令点火。

的人都用了刑——他甚至错误地处死了一位不巧来访的朋友。

罗马历史学家苏维托尼乌斯在他的《罗马十二帝王传》中写道，提比略亲自设计了一种酷刑——哄骗"……人喝下大量的酒，然后突然绑住他们的生殖器，用细绳扎紧了阻止排尿"。

提比略的继任者，变态的罗马皇帝卡里古拉喜欢边吃东西边看犯人受刑。对于确定有罪的，他下令使用的刑罚类似于中国古代的"凌迟"（见第9章）——用一把刀一小块一小块地把人身上的肉割下来，用他的话说就是受刑人能"感到自己慢慢死亡"。苏维托尼乌斯写道，他把人锯成两截，把一个说风凉话的作家在竞技场上活活烧死，还"命令连续几天当着自己的面用链条鞭打监管角斗比赛和饵兽的监工，直至他的头部化脓，让他闻到恶臭时，才将他杀死"。

甚至相对温和的克劳狄也允许对谋反和涉嫌暗杀的人用刑。塔西佗提到，一位骑士因带剑拜见皇帝而受到酷刑。克劳狄不守妇道的妻子美撒里娜也被用刑。

使用巫术、妖术同样也被视为谋反，因为这些邪术被认为可能会用于反对皇帝。并且因为它抢了牧师的饭碗，所以也被视为一种异端。在罗马皈依基督教之前，基督徒本身也是异教徒。最初，对他们用刑以逼迫他们否认基督，承认皇帝的最高统治权。正如罗马最早的基督教作家之一德尔图良在他的《护教篇》中所说：

罗马皇帝卡里古拉，一个精神变态的暴君。

　　如果其他犯罪人申辩自己无罪，你就对他们用刑，逼迫他们承认有罪。基督徒则不然。对基督徒，是你对他们用刑，让他们否认有罪……然而，如果有什么邪恶之事，我们应该否认我们的罪行，而你会用刑逼迫我们认罪……就因为我们承认基督之名，你就推定我们是犯罪之人；通过行刑，你试图强迫我们否认我们的认罪忏悔，所以，实际上我们是被迫否认那些你一开始就推定我们有罪的犯罪。

　　皇帝尼禄否认他与公元 64 年的罗马大火有关。他声称，通过用刑获得的证据证明，这是基督徒和犹太人干的。他最喜欢的刑讯地点是他的皇宫花园。一些受刑人被缝进狼皮里面，然后被恶狗撕成碎片；还有一些被涂上沥青后点燃，"就像夜晚的火把一样"。女自由民艾庇查理斯被指控密谋反叛皇帝，她被酷刑折磨了一整天仍拒绝交代同谋，最后被用自己的紧身胸衣绞死。

　　在罗马，酷刑作为一种惩罚被广泛使用：酷刑可以是刑罚的全部，或者是流放刑或者死刑的前置程序。公民有权对他们的债务人用刑，把他们锁进私牢中，直到还钱为止。基督徒皇帝下令，任何在教堂冒犯神父或者主教的人都要受到惩罚。一开始，刑罚是砍掉双手双脚，后来减轻为砍掉一只手。反对教会的异教徒和其他犯罪分子都要被施以鞭刑。

　　罗马的鞭刑令人恐惧。皮鞭由牛皮所制，有时里面还裹

罗马皇帝尼禄否认他与公元 64 年的罗马大火有关。他声称，通过用刑获得的证据证明，这是基督徒和犹太人干的。

了铅以增加分量，抽打时能深切入皮肉。贺拉斯说，一些法官过于暴虐，其所判处的鞭刑时间过长，以至于行刑人经常因打得筋疲力尽而不得不中途停手。很多罗马奴隶死在了鞭刑过程中。更轻一些的刑罚则是用羊皮纸编成的鞭子或者用扁平的皮带抽打。

罗马的一种主要酷刑叫作"equuleus"——是一种拉肢架。这个名字的拉丁文意思是"小马"，即它更像一个架子而不是跳马凳，把受刑人绑在上面拉伸。奴隶还会被绑住双手吊起来，脚上悬挂重物，以这种姿势接受鞭打。被判处死刑的奴隶们被用"骨叉"（一种架在颈后、扛在肩上的 V 字枷）编排成队，捆上手脚，被鞭子抽打着驱赶到行刑地，最后被钉死在十字架上。

罗马还用火刑慢慢折磨受刑人至死。特别是公元 4 世纪的皇帝马克西米努斯——一位坚定执着的基督徒的迫害者——惯用火刑。尤西比厄斯在他的《巴勒斯坦殉难史》中描述了处决阿菲亚努斯的场景：

> 殉难者被吊得很高，以便震慑所有围观者。同时，他们用梳子撕扯他的肌肤和肋骨，直到他全身肿胀。他的面部完全扭曲了。他的脚被烈火长时间炙烤，以致脚上的肉像融化了的蜡一样滴落。他的骨头像枯干的芦苇秆一样被大火吞噬了。

角斗是罗马帝国一种特殊的公开行刑方式，也是颇受欢迎的表演。在竞技场中自由奔跑的凶猛野兽——或者另一个同样绝望的人——就相当于刑具，就像鞭子、刽子手的剑或者十字架一样。

最后必须提及的是罗马帝国的角斗比赛。很少有角斗士是自愿参加角斗的：他们都是战俘或者奴隶，角斗只是用以取悦观众的一种特殊行刑方式。刑具是变化的——凶猛的狮子、熊、老虎、公牛、狼、疯狗甚或是另一个同样绝望的人——但结果是一样的。竞技场的管理者必须采取严格的防范措施，确保受刑人在角斗表演前不会自杀。但是他们并不总能如愿：当执政官昆图斯·奥勒留为纪念他儿子而举办一场角斗表演时，却发现被囚的角斗士在表演之前就互相掐死了对方。

第二章

野蛮的仪式

当我们审视古代文明（如阿兹特克人或者原始部落）中的暴行时，我们很难区分成人仪式、酷刑和献祭仪式。例如在北美的曼丹印第安人，年轻人所需经历的成人仪式是相当恐怖的，然而既然这已经成为男性的一种传统，因而在一定程度上他们是自愿参与的。乔治·卡特林在 1841 年就谈到过这种仪式；近些年，电影《太阳盟》又对其做了描述：

> 年轻人趴在地上。一个人右手拿着一把两面开刃的锯齿小刀，从年轻人的肩膀或胸口的肉揪起一英寸或更长一点，然后用小刀划、刻这个部位，以造成尽可能多的疼痛。直到捅穿这个部位后再把刀拔出来，另一个人左手拿着夹板或者钎子，从伤口穿过去。
>
> 屋子外面还有一个人从屋顶垂下两根绳子来，

把夹板或者木杈牢牢系住，然后开始把他吊起来，
直到他的身体离开地面，用小刀和夹板以相同方式
刺穿胳膊、肘部、膝盖。每一处都穿着绳子，直到
把他的身体完全吊起来，当血顺着四肢流淌而下时，
周围的人把自己的盾牌、弓、箭筒等挂在夹板上。

卡特林记述道，夹板深嵌肉中的拉力非常之大，以致皮
下的肉可以拉高多达 15 厘米—20 厘米。年轻人就这样被吊
着，忍住呻吟以证明他们的勇气和男子气概，直到部落的长
辈们满意了，才允许把他们放下来。他们奄奄一息地躺在地
上好久才能缓过神来。

这种仪式甚至比宗教裁判所监狱里的吊刑（见第 3 章）
更可怕。随后还有另一个考验，他们称之为"最终胜
利"——每个年轻人的两只受伤的手腕都被绳索捆住，绳索
的另一端由成年战士牵着，每边一人。然后用前述那种夹板
把一些重物绑到他的身上，拖着他一圈又一圈地奔跑。这种
负重运动往往导致夹板嵌入肉中。最终，年轻人因为筋疲力
尽和失血过多而昏迷倒下。

这种成人仪式所宣称的目的是增强年轻人对于疼痛的忍
耐力，这在原始生活的艰苦条件下和在与敌对部落的战争中
是十分重要的。这种仪式还用来证明年轻人与成年人一样强
壮和勇敢。但是，人们禁不住会认为，这种仪式也可能至少
暗含成年人的一个想法："我年轻时就受过这种罪，你也得

在白人殖民者到来之前，北美印第安人很早就有一些野蛮仪式。在不同部落之间的战争中，他们经常要剥去战败敌人的头皮。在殖民者入侵后，他们转而对这些殖民者使用酷刑。罗伯特·麦吉在 1864 年被一位酋长剥去了头皮，但是幸存了下来。

苏族的"太阳舞",与曼丹族的成人仪式类似,是将生皮绳系在人的胸部上,把人高高地吊在柱子上。

学会忍受它。"

有鉴于此类仪式的存在，我们很难说原始美洲印第安人对其战俘用刑仅仅是为了施虐，还是为了惩罚，还是为了展示战俘不如他们勇敢因此不配享有荣耀。在更晚近的时期，"二战"中的日本肯定是蔑视战俘的，因而也是如此对待他们的：他们相信一个有荣耀的人会剖腹自杀，而不是成为俘虏。

乔克托部落是北美阿拉巴马的印第安人部落，以精于惩罚战俘而著称。他们把战俘剥光，双臂绑起来，然后将一根结实的葡萄藤缠绕在他的喉咙上，另一端则系在一根高柱子的顶部。他可以自由地绕着柱子跑，但是始终被拴着，就像一只中了圈套的熊一样。詹姆斯·格林伍德在《蛮荒奇事》一书中描述了接下来发生的事情：

> 妇女们用火把对他发起猛烈攻击；他感到剧烈疼痛，急忙从柱子那里跑开，就像被捕食的猛兽一样愤怒地用葡萄藤攻击她们，去咬、踢、踩他能够得到的任何人。周围很快再次挤满原来那些人或者新来的人；他们从四周各个角度攻击他——他只好跑向柱子以寻求躲避，但是火焰又把他逼走……如果他因疲乏而跑不动了，他们就向他身上泼冷水，直到他重新恢复意识，然后再次反复，直到他最后倒下，完全对疼痛失去知觉。

印第安人对白人拓荒者施以火刑。

据统计，仅在德克萨斯，1846—1852 年间（刚刚并入美国之后的那几年），每年都有大约 200 名拓荒者死在阿帕奇人的酷刑之下。其中一种酷刑类似于中国古代的"凌迟"：把受刑人绑在树上，每天割掉一部分肢体或者一块肉。还有就是挖掉眼睛，把炽热的炭火放入眼窝，或者用慢火烧死。被俘获的印第安人也会遭受同样的命运。

经历过成人仪式之后，印第安俘虏能够以惊人的毅力经受这些痛苦。但是，很少有白人殖民者或者传教士能够经受住，因而他们受到了捕获者的蔑视。但是有一位到加拿大休伦湖传道的耶稣会成员让·德·布雷伯夫神父以殉道者的坚忍承受了对他的酷刑。

布雷伯夫和一些休伦人于 1649 年被易洛魁人抓住。首先，他的双手被砍掉。然后，他的身体许多部位都被铁钉反复捅刺。烧得通红的战斧挂在了他脖子上，"这样他的头每转一次都是极大的折磨"。涂抹了树脂和沥青的树皮缠到他身上，然后点燃。

布雷伯夫勇敢地承受了对他的折磨。在被用刑时，他还对俘虏他的人布道。这些人因此被激怒，然后从火中取出燃烧着的木头，塞入他的嘴中。但即便如此也没能阻止他的布道。最后，易洛魁人割掉了他的嘴唇。

但是，布雷伯夫还没有死。俘虏他的人一次又一次地往他身上泼滚烫的热水。有关他受刑的记载还提到他们从他的

德克萨斯于 1845 年从墨西哥并入美国，但是阿帕奇人并不知道国界在哪。这个墨西哥人被阿帕奇酋长杰罗尼莫的追随者放倒、捆住，在灼热的阳光下慢慢死去。

躯体和四肢上切下小片的肉——小心地避开可能导致毙命的部位——炙烤之后在他面前吃。在他最终气绝之前，易洛魁人砍掉了他的双脚，剥去了他的头皮。

阿兹特克的血祭

在更靠南一些的墨西哥地区，战俘有更大的用处，即用于阿兹特克大血祭。

血是阿兹特克宗教的核心；它是太阳的能量之源。必须用"红色的仙人掌果"——人心和人血——来奉养太阳，使之不会过热，使之保持运动。如果祭品没有按时奉上，太阳就会静止地停在空中，人类会被其火焰所毁灭。所有战士之死的最高荣耀就是被献祭给太阳，太阳会把如此死去的人送往极乐天堂。但是，在这方面，阿兹特克人又是自相矛盾的。战士在战斗中的首要目标之一是抓获敌人，把他送去献祭。所以给予最高荣耀的一般不是战士本人，而是他的敌人。

1418—1422 年，酋长内萨瓦尔科约特尔和麦克斯特拉之间的战争就是如此。麦克斯特拉被俘后，他的敌人专门在阿茨卡波察尔科建了一个台子，用于将他献祭。战士们身着铠甲围于四周，他们的头领装饰着黑曜石、翡翠和水晶。四个助手按住麦克斯特拉，使他横躺在一个仪式用的木头架子上。内萨瓦尔科约特尔亲自拿着祭祀专用的黑曜石刀，剖开麦克斯特拉的胸腔，掏出他的心脏。然后按照一个酋长应有的葬礼仪式处理了麦克斯特拉的尸体。

40 年之后，在对外扩张的政策下，阿兹特克人征服了米克特人东部的土地，战俘都被带回到特诺奇提特兰城——即后来的墨西哥城——的大金字塔。在祭香缭绕下，他们一个接一个地被带上金字塔的台阶，然后一个接一个地被挖出心脏。血流成河，染红了台阶。随后，他们被砍掉脑袋，卸下四肢，尸体被从金字塔上丢下来。他们的脑袋被挂在金字塔顶端的一个巨大的头骨架子上，胜利的俘获者每人分得一只胳膊或者一条大腿。贝尔纳迪诺·德·萨阿贡修士在《新西班牙诸物志》一书中写道："这些肢体被带回家中，与辣椒、西红柿一起炖熟，当成圣餐吃掉。"

1487 年，随着阿兹特克人远征的又一次胜利，大金字塔再次得到供奉。这是所有大屠杀中规模最大的一次。战俘们排队押进特诺奇提特兰城，血祭持续了四天。鲜血从金字塔的四周倾泻而下，在塔底的路面上形成了巨大的血池，差不多有几千颗头颅被挂了起来。

在阿兹特克所信仰的诸神中，另一个重要的神是地神塔拉洛克，它的祭祀地点是在塔拉洛克山脊的最高点。每年都会举行一次献祭求雨仪式，向地神献上相应的祭品。他们一边在山上进行着仪式，一边在大金字塔的院子里准备"祭品"。那里有一棵被称为托塔的大树，周围是四棵小树，这

阿兹特克的太阳祭：战俘一个接一个地被带上特诺奇提特兰城的大金字塔，然后被用黑曜石刀挖出心脏。

就象征一个森林。一个年轻女孩被装扮得如同水神一样，坐在这个"森林"里。当贵族和祭司从塔拉洛克山回来后，把托塔树挖出来绑在木筏上，划过特兹库坎河。年轻女孩、乐师和一大群歌手坐在独木舟上，一起来到潘蒂兰的泉水边上，把树种在那里，把这个女孩献祭，让她的血流入水中。

1519年埃尔南·科尔特斯的西班牙远征军到达特诺奇提特兰城时，贝尔纳尔·迪亚斯·德尔·卡斯蒂略记下了主持血祭的祭司形象：

> 他们穿着像教士长袍一样的黑色披风和拖到脚面的长衫。有些戴着类似于教士戴的头巾，有些则戴着类似于多米尼加人的那种小一些的头巾。他们的头发非常长，一直垂到腰间，甚至垂到脚踝。头发上沾满了血，因此缠结在一起，不会散开。他们以赎罪的方式把耳朵切成一片一片的。他们身上散发着硫黄的味道，还有一种像腐肉的难闻味道。他们手上的指甲都非常长。我们听说这些祭司都十分虔诚，过着优渥的生活。

第三章

宗教裁判所

　　毫不奇怪的是，早期基督教会之前受到罗马皇帝如此的欺压，应该会反对酷刑。因为法律可能会要求他们为履行职责而使用酷刑，教会甚至一度宣称基督徒行使司法权力是一种罪恶。公元866年，教皇尼古拉斯一世在给保加利亚君主鲍里斯的信中，明确地表达了教会对于酷刑的态度：

　　　　认罪必须是自愿而非被迫的。如果通过用刑还没有获得证据，你不感到羞愧吗？难道你没有意识到这种程序是多么不正当吗？如果受刑人因为无力反抗而被迫认罪，那么如果没有被逼迫的话，到底谁是犯罪人……如果不是逼迫他撒谎认罪的人的话？

　　基督教反对酷刑的一个理由是：根据古希腊和古罗马的法律，酷刑主要适用于奴隶；但是，在基督教世界里不允许一个基督徒奴役其他的基督徒，所以酷刑没有什么适用的对象。

法律审判的方式是：指控人和被指控人向（被认为）公正的法官陈词，法官的职责是居中裁断。双方都要宣誓自己说的是真话——伪誓被认为是一种罪恶，会立即受到上帝的惩罚。双方都可以叫一些朋友或者亲戚到法庭来监誓，不是因为他们了解案件的事实，而是因为他们相信誓言的庄重严肃。

然而，那些真正有罪之人很快就发现，发假誓尽管会导致在另一个世界受苦，但很少导致全能者在现世的愤怒。发假誓太容易导致审判不公，因此产生了一种新方式，即神判法，相信正义会赋予力量。神判法有两种：一种是双方都参加，另一种是只有被指控的一方参加。

第一种要相对温和一些，例如要求双方站在耶稣受难像前面，双臂高举，然后告诉大家说：谁举的时间长，谁就是有理的一方。或者采取更加暴力的方式——司法决斗，胜利的一方就被判定为是说真话的一方。

在第二种神判法中，仅仅裁决被指控的一方是否有罪——把一片圣餐面包放在被指控人的嘴中，如果不能一口吞下，就是有罪。或者要求被指控人在圣徒遗物面前发誓。但还有更多残酷的神判法，例如把肢体——手、胳膊、脚、腿——放到炽热的烙铁上或者滚烫的水中，如果被指控人是清白的，那么神会保护他们不受伤。

在 1215 年被拉特兰宗教会议取缔之前，建立在"正义会赋予力量"这一理念之上的神判法存在了很多个世纪，以非常极端的方式，被用于揭示被指控人有罪与否。如果他同意使用神判法，并且是无罪的，那么神会保护他不受伤害。

酷刑的基本理念以这种方式逐渐偷偷回到了司法程序之中。大量证据表明，嫌疑人因害怕神判法而认罪；因而使用神判法成了使嫌疑人认罪的一个捷径。例如，12 世纪布列塔尼半岛的法律规定，在审判谋杀犯罪嫌疑人时：

> 如果他否认罪行，但是在犯罪时被当场抓获或在追捕中被抓获，或者其罪行已在教区民众中臭名昭著，那就应对他进行讯问，收集目击证人证言……如果虽不能完全确认其有罪，但是公众认为或者足以推定其有罪，那就可以要求其接受神判或者对其用刑三次。如果他扛了过去，也就是拯救了自己，应当裁判他无罪并予以释放。

到 12 世纪，法学家和神学家对神判法的批判越来越多。其中最直言不讳的是唱诗者彼得，他让人们注意到这一事实：要求在神判中不受伤害地存活下来，就是想要上帝显神迹，而这是违反《圣经》的律令"你不可以试探主你的神"。他列举了大量的案件，都是明显无辜的人在神判中失败因而受到惩罚。

然而，神判法还持续存在了一段时间。1157 年，兰斯的市政委员会决定对所有涉嫌宗教异端的人使用烙刑。1210年，在唱诗者彼得死后第 13 年，斯特拉斯堡的主教亨利下令对大约 100 个异教徒处以烙刑。但是教皇英诺森三世支持了

1215 年教皇英诺森三世发布了一项教皇训谕，取缔了神判法。结果就是在拉特兰会议上建立了宗教裁判所。

其中一位的上诉，并于 1215 年取缔了神判法。

同时，教会法和世俗法都还有一些其他方面的发展变化。在神职人员中和修道院中存在大量腐败现象，为了将之彻底根除，教会法官被赋予根据指控进行审判的权力，不需要指控人亲自到场。因此他们既是法官又是指控人。很快，指控神职人员为异教徒的案件也以同样的方式进行审讯。

9 世纪时，查理曼大帝在世俗法庭也建立了一种用于审讯的司法体系。王室专员借助皇帝的权威，在他的疆域内巡回听讯、审判有关纠纷、不公和犯罪事宜。1215 年召开的第四次拉特兰宗教会议取缔了神判法，由审讯取而代之。

因此，一种新的宗教审判形式——宗教裁判所得以产生。这个机构最初只负责镇压宗教异端，后来开始涉及其他方面的事务，并在接下来的几百年里恶名昭彰。拉特兰宗教会议发出教令：任何在其疆域内不能铲除宗教异端的统治者都要被废黜。这不可避免地让这些世俗统治者认可这一点：对确证无疑的宗教异端分子而言，死刑是唯一可接受的刑罚。西班牙的阿拉贡王朝早在 1197 年就已经开始这样做了；在伦巴第是 1224 年，在法国是 1229 年，在罗马是 1230 年，在西西里岛和那不勒斯是 1231 年，在德国是 1232 年。对宗教异端的镇压始于阿尔比十字军。

清洁派和阿尔比十字军战争

罗马教会几百年来一直致力于消灭一种被统称为摩尼教的信仰。摩尼教源自公元 3 世纪一位叫作摩尼的波斯王子提出的一种哲学。其中一些内容被吸收进了早期的基督教中，甚至圣奥古斯丁也被其吸引。但是追随这种信仰的教派在公元 600 年左右被镇压。然而，从这些信仰中发展出来的一种宗教则继续在罗马帝国的边缘地区（特别是在古保加利亚）蓬勃发展。

这种宗教是二元论的，简单来说，就是认为有两个神。"善"神离我们非常远，很少关注人类活动，也不对宇宙中发生的恶负责。另一个神——犹太教徒和基督教徒的神——是物质世界的创造者，既然世界包含了所有恶的事物，他自己也必定有意为恶。甚至人类，作为神的礼物，也是微不足道的。因而，真正的宗教不应当试图延长生命，而是应当通过拒绝肉食和饮水来寻求死亡。当然，他们也不应该通过性行为来创造新生命。

尽管这种宗教的信条很严苛，但是因为当时的罗马天主教派正因奢靡之风和教士们的放荡举止而被批评，这种宗教所倡导的苦修吸引了很多人。它强调虔诚、贞洁、安于贫穷，看起来很接近早期的基督教教义。12 世纪早期，游行传道者将这种新的信仰经由意大利北部向西方传播，传到了法国南部。他们被称为"清洁派"——这个名字可能来自希腊语，意思是"纯洁"。

在清洁派中有一些被称为"完人"的男人（也有一些女人），他们除了苦修之外，还发了神圣誓言，要与这个世界及其所有世俗事务决裂，将自身献给神和真理，永不说谎或者作伪证，永远不发生性关系，只吃蔬菜和鱼。他们的追随者和信徒则不用严格地遵守这么多清规戒律，但是要在临终时最后发誓坚持信仰，这相当于天主教的临终圣礼。

在 12 世纪，朗格多克是法兰西西南部的一片广阔地域，严格意义上说，这里并不属于法兰西王国：它名义上属于图卢兹城管辖，实际上是一个松散的邦联，经常在英法之间摇摆，包括西至阿基坦和西班牙阿拉贡王国。这个地区有自己高度发展的文化，有自己的语言——奥克西坦语。这里崇尚诗歌和音乐，特别是当地行吟诗人的歌曲和民谣。当地舒适的气候也符合清洁派的信条所需。在这里，清洁派也被称为阿尔比派，是以图卢兹城东北的阿尔比镇的名字命名的。

罗马天主教会容忍了清洁派 50 多年的时间。在此期间，清洁派得到了迅猛发展。然而在 12—13 世纪之交，教会觉得受到了这些本质上属于异端信仰的威胁。创立了多明我会并且后来被称为"圣多明我"的西班牙修道士多明我·德·古兹曼于 1204 年来访图卢兹城，但是据说仅仅转化了一个异教

在阿尔比十字军东征时期，清洁派作为异端受到了极为严酷的对待。这幅图来自 1388 年法国的编年史，描述的是清洁派被从卡尔卡松城中驱逐。

徒。1207年，教皇英诺森三世派出两位使节来到图卢兹城，要求雷蒙德六世帮助他镇压异端分子，并转化清洁派为天主教。雷蒙德六世拒绝这样做，因此被开除了教籍。这两位使节在返回罗马的途中，于朗格多克境内罗纳河的交叉口，被全副武装的骑手追上并杀死了。

震怒的教皇宣布派出十字军征讨阿尔比派。他想获得法兰西国王菲利浦·奥古斯都的支持，但是后者忙于从英国那里夺回法国的部分领土，不能（也可能是不愿意）支持十字军。教皇又找到了莱斯特伯爵西蒙·德·蒙德福特，他刚刚从第四次十字军东征返回，就在法国北部聚集了一群贵族支持教皇。

征讨南部的军队是一支杂牌军，有身经百战的老兵，有雇佣兵，还有破衣烂衫的投机分子。教会说只要"背上十字"——用红笔划在袍子上——六个月，他们所有的罪行就都会被宽恕；所以，他们的数量和组织一直都在变化。但是无论如何，他们比起对手——南方居民——来还是更有战斗经验。

十字军进军图卢兹城的路上遇到的第一个城市是贝济耶城。当雷蒙德六世还在左右摇摆，不能下定决心是抵抗还是屈服时，贝济耶城的子爵就已经意识到，十字军战争实际上是北部贵族——最终是法兰西国王——侵占朗格多克的一个借口。他的大部分部下，包括清洁派和天主教徒都支持他。

莱斯特伯爵西蒙·德·蒙德福特刚刚从第四次十字军东征返回，就接着领导了十年的阿尔比十字军战争。1218 年围攻图卢兹城时，他被城墙里的石弩发射的一块石头砸死。

当十字军于 1209 年围攻贝济耶城时，提出可以用指名的 222名异端分子作交换来解除城围，但是贝济耶市民拒绝了。军队攻破城墙后，上百人涌进大教堂避难，但是十字军竟然一把火将大教堂烧了。当有人提醒随军而来的教皇使节克莱尔沃修道院院长说，身陷大火的很多人都是天主教徒时，他的回答是："让他们都去死吧！上帝会认出他自己的臣民。"

在这场大屠杀之后，抵抗势力一度溃散：卡尔卡松城投降了，其他城市很快被占领了。各地的清洁派教徒和其他居民都被扔进了火海：在拉沃尔，一天就烧死了 400 人。当 1211 年卡巴莱城堡沦陷时，城堡的女主人被活埋进坑里，填上石头。罗马方面命令褫夺雷蒙德六世的土地，赏给蒙德福特和他的主要心腹。但是当蒙德福特赶来包围图卢兹城时，却被城墙里投射出来的一块石头砸死了。

战争断断续续地拖延了很多年。大量的清洁派教徒躲到蒙特古城堡中避难。1243 年蒙特古城堡被包围，次年三月，他们的水源被污染后不能饮用，只好投降。但是其中 205 人（有男有女）拒绝放弃他们的信仰，高歌迈入熊熊烈火中。蒙特古城堡被宣布划归国王路易九世，朗格多克成为法兰西领土的一部分。11 年之后，最后一个清洁派据点奎里巴斯城堡也沦陷了。

同时，雷蒙德六世的儿子雷蒙德七世请求返还他的领地，并承诺清除异端分子。他引入了多明我会和方济各会，并于

当清洁派的据点蒙特古城堡于 1244 年投降时，205 名男女拒绝放弃他们的
信仰，高歌迈入熊熊烈火中。但是这并没有终结对清洁派的迫害。奎里巴
斯城堡于 1255 年沦陷，最后一个清洁派教徒比利巴斯塔于 1321 年被
烧死。

1229 年在图卢兹城建立了宗教裁判所。从此,对异教徒的残酷迫害拉开了序幕。然而在农村地区,差不多花了一个世纪清洁派才被彻底镇压。1321 年,最后一个清洁派教徒比利巴斯塔在维伦鲁格-泰尔梅小城堡的城墙外被烧死。

宗教裁判所日益强势

宗教裁判所一开始的设想是在地方主教的监督下开展审判。但是他们很快就发现,这些地方主教对教会法所知甚少,地方主教的权威也不足以处置异端问题。1231 年,教皇格里高利九世宣布,对异端的逮捕和审判由罗马教皇的宗教裁判所负责,受罗马方面的控制。两年之后,格里高利九世向法兰西主教写道:

> 我们已经决定,把你的部分职责交给其他人;相应地,会向法兰西王国和周边地区派去一些多明我会的托钵会士,以对付异端分子。我们命令你友好地接纳他们、尊重他们,给予他们在这方面以及其他方面的建议、帮助和支持,以便他们能够完成委托给他们的任务。

托钵会士通常是多明我会的成员,但也有一些是方济各会或其他修会的成员。其职责首先是利用当地的传言和揭发

1234 年圣徒殉道者彼得被任命为北意大利的主裁判官。他曾在审讯中对异端分子严酷行刑。1252 年被刺杀。

检举找到异教徒。任何有嫌疑的人都会被传唤来，让他们自己认罪和忏悔。如果这样做没有达到效果，就要把他们带到宗教裁判所的法庭上，根据准备好的证人证言，对他们进行指控、审讯和裁判。

选择宗教裁判官主要看的是渊博的学识和虔诚的信仰。他们的同代人一般都认为：他们是怀着仁慈去履行职责的，其中有些后来甚至被奉为圣徒。有一位圣徒殉道者彼得曾被称为"宗教裁判所的守护神"。他是伦巴第的一位颇具影响力的传道士，1234 年教皇格里高利九世任命他为北意大利的主裁判官。虽然他严厉地惩罚异端分子，但是他的目的是尽可能地转化他们。然而，他受到很多人的敌视，并于 1252 年被刺杀。可能正是因为彼得被谋杀，所以才导致教皇英诺森四世于当年下令授权宗教裁判所使用酷刑。

宗教裁判所主要在意大利、法国、德国，一度也在西班牙北部行使权力——西班牙宗教裁判所（见第 5 章）以及后来的罗马宗教裁判所都是独立的机构。最初，审讯是在裁判官所属修会的地方修道院进行。裁判官有很大的权力，可以任命他们自己的助手和律师。但是要适用死刑——后来还包括要使用酷刑——的话，还得有世俗权力的协助。国王和贵族们很快意识到，教会要求亲自铲除异端的教令，实际上是把巨大的权力拿到了他们自己手中。于是，国王和贵族们也宣称自己是"信仰的守护者"，制定了不受教会控制的严酷的世俗法。很快，酷刑被允许用于一系列与宗教无关的犯罪审讯中。特别是在德国，酷刑被普遍用于逼取口供，正如一位现代德国历史学家所说：

> 审讯由市政委员会的人员在刑讯室里进行。讯问被指控人犯罪的细节，抓捕到共犯后会再次讯问。如果在没有使用暴力的情况下被指控人拒不认罪，那么就通过刑讯逼取口供。

宗教裁判所逐步形成了使用酷刑的规则，后来由 14 世纪后半叶在阿拉贡当裁判官的尼古拉斯·艾美瑞克进行了编纂。他在《审讯指南》一书中写道：

> 直到穷尽了其他发现真实的手段之后，才能够诉诸酷刑。以礼相待，探微索隐，友人劝诫，反复调解以及受押之苦，这些往往已经足以使犯人认罪。

酷刑可能用于以下情形：首先，用于那些在审讯过程中翻供的人；其次，用于众所周知的异教徒，即便没有证人指证或者只有一些证据指证其为异教徒；最后，用于虽不知名，但是至少有一个证人指证或者有其他一些有力证据指证其为异端分子。

这些都是艾美瑞克颁布的规则，在随后一个世纪中多次被重印。但是有充分证据证明很少有裁判官遵守这些规则，世俗权威当然也不会遵守。

1252 年教皇英诺森四世下令授权宗教裁判所使用酷刑。

要对被指控人用刑时，法官会有如下的开场白：

> 你的回答中透露着摇摆不定，并且有很多迹象
> 表明你有罪。因此，我们借着宗教裁判官之名，经
> 慎重考虑，决定对你进行审讯和行刑。目的是从你
> 嘴中得出真相，而不是听你在这里胡言乱语。现裁
> 定于某日某时对你使用酷刑……

受刑人被带到刑讯室，被行刑人剥去衣服。他们被敦促认罪，并可能保证饶他们一命；但是，如果他们是之前已经放弃异教后又故态复萌，那么就必然要被交到世俗权威手里接受火刑。如果不认罪，受刑人就要被用刑——当他们被指控的罪行比较轻的时候，首先是用轻刑，然后就拿出最严酷的刑具，并告诉他们，如果还不认罪，就要让他们尝遍所有刑具，直到认罪为止。

艾美瑞克没有描述宗教裁判所使用酷刑的细节。从世俗法来看，每个国家用刑的方式都不一样。意大利最常用的是吊刑，用绳子把受刑人的胳膊绑到他们身后，靠系在吊杆上的滑轮吊起来。佛罗伦萨法学家保罗斯·格里兰杜斯在1584年的著作中写道：酷刑分为五等，根据犯罪的严重程度而越来越严酷。

在第一等级，受刑人仅仅被剥掉衣服，捆绑起来，用吊刑来威胁。因为其不会导致任何身体上的痛苦，这一威胁很

意大利宗教裁判所广泛使用的吊刑在不同地方有不同形式。在这幅 16 世纪版画《审讯犯人的技术》中可以看到，受刑人不仅是受吊刑折磨，而且还有一根绳子逐渐地勒紧他的手腕。

容易奏效，甚至不需要暗示要动用酷刑。格里兰杜斯说，他自己的经历表明，对于"软弱胆怯的人"而言，这已经足以威慑他们如实招供了。在第二等级，受刑人被滑轮吊起来，但时间很短，也就是吟诵一首《圣母颂》《主祷文》或者《求主垂怜曲》的时间，并且不会晃动或者拉起绳索。在第三等级，受刑人要被吊较长一段时间，但是仍不会猛拉绳索。到第四等级才会猛拉绳索，以引起极大的痛苦。在第五等级，还要在受刑人的脚上加挂重物，以增加猛拉绳索时带来的痛苦。这种酷刑往往会让受刑人骨头断裂，还经常把肢体从躯干上撕裂下来。

后来的一份德国史料记下了用绳索对受刑人胳膊用刑的规则：

（1）不能猛拉，而是要逐渐地收紧和放松绳索。允许用绳索轮番抽打两只胳膊。

（2）绳索每绕一圈，至少比上一次多勒进三指，两只胳膊交替捆绑。

（3）绳索必须把两只胳膊绑在一起。

（4）绳结不能在肘部之上，对绳索的拉动必须避免绳结松动。

（5）把绳索勒进骨头不能用猛拉的方式，而是要用缓缓滑动的方式。

（6）抽打常常能损伤皮肤，可以有效利用这一点，根据绳子每一次抽打的力量来增加痛苦。

（7）当一侧的绳索放松时，另一侧必须保持紧绷。

但是很少有行刑人遵从这些详细的施虐规则。16 世纪的一位法学家希波吕托斯·德·马西利斯记录了当时所用到的一些非法酷刑。将生石灰和水搅拌起来倒入受刑人的鼻孔；就像在印度一样（见第 9 章），把咬人的昆虫放在受刑人身上的敏感部位；或者把受刑人绑在铺满带刺的山楂树枝的桌子上。还有一种与中国的"拶子"（见第 9 章）相同的酷刑是把小木头片插在指头中间，并把它们勒紧。有一种臭名昭著的酷刑叫作"羊舌刑"，类似于中国的"打脚板"，在受刑人的脚上撒上盐，让羊舔他的脚。受刑人的脚底受到粗糙的刮磨，导致剧烈痛苦，但是不会造成任何身体伤害。

希波吕托斯认为，最有效并且还不会造成身体伤害的酷刑是不让睡觉。轮值的看守使受刑人在两天两夜甚至更长的时间里一直保持清醒，他们或者把受刑人摇醒或者刺醒，或者强迫受刑人走来走去。加之牢房里清汤寡水，甚至完全不给食物和水，环境又极其恶劣，这很快就导致受刑人处于一种昏昏沉沉的状态，在这种状态下，让他说什么都可以。在英国，普通法在原则上禁止用刑，因此不让睡觉成了对巫师的审讯中颇受青睐的一种手段（见第 7 章）。到了现代，仍有很多国家采用这种手段（见第 12 章）。

法国法学家让·德·格雷夫斯曾记录了一种特别残虐的酷刑：用一根浸泡了沥青的线穿过受刑人鼻孔，隔一会儿就拉一下，以保持受刑人清醒。一位意大利律师把它描述为所有酷刑中最有效的一种："100 个殉道者遭受了这种酷刑，能够挺过去不认罪的人不会超过两个。"

圣殿骑士团

圣殿骑士团也即"基督和所罗门圣殿的贫苦骑士团"，是法国的十字军斗士雨果·德·帕英于 1119 年建立的一支修道士武装力量，初衷是保护去耶路撒冷的朝圣者不受到阿拉伯人的袭击。他们得到了贝尔纳·德·克莱尔沃（即后来的圣贝尔纳）的支持，并于 1139 年被教皇英诺森二世赋予重要的特权，包括拥有自己的小教堂、不受任何主教的管辖，等等。

尽管一开始圣殿骑士团没有自己的城堡，但是他们的人数增长迅猛，很快就从多个统治者那里获赠了城堡和土地。他们开始日益强大，以至于他们的总团长把自己视同一位国王。他们开展了银行放贷业务（甚至向法国的国王放贷），把他们的领地作为皇家贵重物品的安全寄存处。13 世纪中叶，欧洲到处都是圣殿骑士团建立的组织。

尽管他们素以有骑士精神、诚实、禁欲而著称，但是很快就出现了有关他们信仰的流言蜚语。早在 1207 年，教皇英诺森三世就曾谴责他们"放弃了对主的信仰，使教会蒙羞，采用魔鬼的信条"。据说在 1304 年，埃斯基乌·德·弗洛伊兰向阿拉贡的詹姆斯二世揭发了"圣殿骑士的秘密"，随后又把这些事讲给了法国的腓力四世。腓力四世向教皇克莱蒙五世建议对此事展开调查。1307 年 8 月，圣殿骑士团的总团长雅克·德·莫莱同意这样做；同时腓力四世派密探打入了圣殿骑士团。

一个月后，腓力四世根据密探的报告，下令逮捕他境内的所有圣殿骑士：

> 据可靠人士的报告，我们得知，圣殿骑士团就像披着羊皮的狼一样，极度损害了我们信仰的宗教，再一次地将我们的耶稣基督钉死在十字架上。耶稣已经为了人类的救赎而被钉死一次了，而如今他受到了比钉死在十字架上更重的伤害；新信徒加入骑士团时，他们在耶稣基督像前悲痛地发誓——以恐怖的残忍方式三次否定基督，向耶稣基督脸上吐三次唾沫；然后被脱去在世俗生活中所穿的衣服，赤身裸体着被带到耶稣基督面前，他接纳了他们，亲吻了他们……一开始是屁股，然后是肚脐，最后是嘴。他们的邪恶行为、誓言和对人类法律的无所畏惧的侵犯都是违反神圣法则的。这一次，罪恶还让

他们淫乱。这就是为什么神的愤怒会降临到这些无信仰的子民身上的原因。

法国的最高裁判官纪尧姆·德·帕里斯与腓力四世的首席大臣纪尧姆·德·诺加莱合作，给全国每一位王室行政官和总管发出密令。10 月 13 日拂晓时分，毫无戒备的圣殿骑士被抓捕入狱。腓力四世还向其他地区的统治者发信，建议他们也这样做。英国于 1308 年 1 月 10 日开展了逮捕行动，1 月 24 日在西西里岛，5 月 27 日在塞浦路斯。但是在西班牙，圣殿骑士团在他们的要塞里抵抗了一段时间，直到 11 月 2 日被击败。

关于圣殿骑士团是不是有荒唐的入团仪式和鸡奸行为，历史学家们争吵了几个世纪。"亲吻屁股"的谣言是敌对骑士团——医院骑士团——所乐于传播的；亲吻嘴，即"平安之吻"，是中世纪一种普遍的问候方式。圣殿骑士还受到一种更为险恶的指控，直指他们秘密崇拜一个被称为"巴风特"的异教徒恶魔偶像。但是最重要的一个事实是：腓力四世非常缺钱，他欠了圣殿骑士团巨额的债务，可以借此迅速占有骑士团所有的财产。

送给王室行政官和总管的密令要求他们挑选：

……没有被指控嫌疑的杰出的和有影响力的骑士、治安官和地方议员，秘密通知他们需要采取的

新信徒加入骑士团时，要被迫向耶稣受难像吐唾沫。

行动，以及国王从教皇和教会那里获得的信息；他们很快被遣去逮捕各地的圣殿骑士，没收他们的财物，对他们予以监禁……

然后，他们将这些圣殿骑士分别置于严密、安全的监管下，对他们进行初步的审讯；接着招来裁判官的特派员，仔细地审问事实，必要时使用酷刑。如果这些圣殿骑士认罪，就要在证人的见证下写下书面供词……

要对他们进行宗教劝诫，把密探、骑士团成员呈送给教皇和国王的信息告诉他们，其中有他们刚加入骑士团时就犯下的罪恶和鸡奸行为。如果他们认罪，皈依对教会的信仰，就可以给予赦免，否则就会被判处死刑。他们要接受仔细、审慎的审讯，其中包括：他们是如何加入骑士团的，发了哪些誓言，做了什么承诺。他们所说的一字一词都要被全面地质询，直到从他们口中探出事实真相，他们都已经做好了坚持到底的准备。

圣殿骑士所受酷刑的一些细节被记录了下来。伯纳德·德·格的脚被阿尔比裁判官严重烧伤，以至于数日之后，他脚后跟的骨头都脱落了。庞萨德·德·吉西描述了那三个月的情况："他被扔进地牢，手被紧紧地绑在背后，以至于血从指尖滴下。他就那样被困在那里，不能动弹……"

在这样的境况下，监禁在巴黎的圣殿骑士有 36 人死亡，监禁在森斯的有 25 人死亡，没人知道在其他地方死了多少人。

毫不奇怪的是，在大多数案件中，裁判官都能获得他们想要的供述。在巴黎被逮捕的 138 名圣殿骑士中，只有 4 人否认指控。其他人都承认否定基督，向十字架吐唾沫；大约四分之三还承认了有伤风化的亲吻。但只有一半的人承认了鸡奸，只有很少人承认了曾看到异端偶像"巴风特"，而要指控他们是异端分子，这个偶像的存在至关重要。

其中一位认罪的圣殿骑士是雨果·德·佩尔德。这正印证了这样一种观念：只有骑士团的高级成员才知道这个偶像的存在。他把这个偶像描述为一种狮身人面的东西，有四只脚。行刑人劝诱骑士团的低级成员也跟着招供，但是这些供词千差万别：有的说是由木头制成，包裹着金银；有的说只不过是一张画在木板上的脸；还有人说它"非常可怕——看起来像一张魔鬼的脸。他每次看到都很害怕，以至于不敢直视，四肢发抖。"

甚至连圣殿骑士团的总团长雅克·德·莫莱也承认了否定基督和向十字架吐唾沫——尽管他声称只是吐唾沫到地上。他和骑士团的其他三位高级成员——雨果·德·佩尔德，杰弗洛伊·德·格诺维尔和杰弗洛伊·德·沙尔奈——被教皇亲自审讯。但是 1310 年 4 月，在被捕的圣殿骑士被关了 30

个月之后，腓力四世劝说教皇任命腓力·德·马里尼——他的一位大臣的 22 岁的兄弟——为新的大主教，这位新的大主教立即召集他的委员会进行审讯。那些坚持最初供述的，只要屈从于教会，就被给予了自由；而 54 个翻供的则被烧死。正如一位编年史家所记载的："他们在火刑柱上所展现的勇气将他们的心灵置于极大危险之中，因为这使这些普通人更加相信他们是无辜的。"

随之而来的大屠杀席卷了整个法国。1312 年，教皇下令解散圣殿骑士团。1314 年，骑士团的四名领导者被带到了巴黎的断头台，接受对他们终身监禁的宣判。雨果·德·佩尔德和杰弗洛伊·德·格诺维尔对他们的宣判沉默不语；但是雅克·德·莫莱突然开口，宣称圣殿骑士团是神圣的、正义的、信仰基督的，被无辜地指控为异教徒。至于他自己，因为害怕酷刑而虚假地承认了指控，所以他应当去死。杰弗洛伊·德·沙尔奈也附和他。这两个人立即被带去执行了死刑；在他们受刑的巴黎西岱岛，树了一块匾牌作为纪念。

在其他国家，圣殿骑士团总体上没有受到这么严厉的对待。在德国，教皇解散了圣殿骑士团，他们逃到圣约翰骑士团或者条顿骑士团那里去避难。在葡萄牙，他们改头换面为基督骑士团。在英国，皇室在 1310 年发布了一份授权令，允许对被捕的圣殿骑士用刑，但是裁判官抱怨说用刑鲜有成效。最终，大多数圣殿骑士都被收归到修道院以获取和解，甚至

圣殿骑士团的总团长雅克·德·莫莱。在 1314 年被处死的那一天，他宣称圣
殿骑士团被指控为异端是无辜的。

还可领取抚恤金以维持生计。在苏格兰，只有两名圣殿骑士被逮捕。

宗教裁判所日益强大

在三个多世纪里，宗教裁判所采用的都是上述残虐但相对粗糙的酷刑，而特意为用刑而设计出来的刑具，例如拉肢架、拇指夹或者"西班牙靴"（见第 8 章）则大多是由世俗权威或者西班牙宗教裁判所使用。西班牙宗教裁判所（也在葡萄牙运行）是一个独立的机构，不在教皇控制之下。

然而，最初确立的用刑规则逐渐升级为对异端分子和对新教徒的战争，在 15 世纪下半叶和整个 16 世纪愈演愈烈。使用酷刑的时间越来越长，次数越来越多。最初，酷刑的等级与受刑人所受指控罪行的严重程度相关，而且可能酷刑本身也被视为一种足够的惩罚。受刑人被视为通过受苦而涤除了他们的罪孽。但是很快，裁判官开始痴迷于不惜任何代价逼取口供。裁判官可以一直对涉嫌异端的人用刑，直至听到他们想听到的供述为止。

尽管如此，传统观点认为：通过刑讯获得的供述在法律上是不被认可的，这些供词必须于 24 小时内在行刑地点以外的一个地方得到受刑人的确认。随之而来的问题就是：受刑人随即翻供的该如何处理？为了解决这个问题，尼古拉斯·

艾美瑞克提出了一项迂回的法律准则：尽管不能重复用刑，但是可以持续用刑——必要的话，一次用刑可以一直持续到第二天，甚至第三天。

更为糟糕的是对那些已经被认定有罪的人用刑，以逼其供出同伙或者证人的名字。但是，因为异端被认为是对上帝的背叛，所以正如审讯背叛国家的人可以使用酷刑一样，审讯背叛上帝的异端分子也可以使用酷刑。

叛国者所受的刑罚必然是死刑；异端分子所受的刑罚则是在火刑柱上被烧死。他们为此还想出了颇为"合乎逻辑"的理由。异端分子在他的思想中持有错误观点，并通过身体行动表达出来。他的灵魂并不会随着身体的毁灭而自然毁灭。那些被魔鬼附身的人也是如此。因此宗教裁判所认为，救赎异端分子的唯一方式就是同时摧毁他的身体和精神，给他的灵魂以自由，涤除所有罪孽。

建立宗教裁判所，在原本宗教性质的审讯中使用世俗权力，以及用刑合法化——不仅是为了逼取供述，而且是为了逼其供出同伙，这一切就相当于制造了一种引发社会恐怖的强大工具。并且，宗教法庭对异端分子用刑的合法化，使世俗法庭轻而易举地恢复了对几乎所有类型犯罪分子的用刑。宗教裁判所树立了坏榜样，世俗权威很快就学会了。而且，没有地方使用的酷刑比在欧洲对巫师的审讯中使用的更残酷了（见第7章）。

大约 16 世纪中叶，法国的新教徒被称为 "胡格诺派"。尽管历经磨难，胡格诺派的教堂于 1555 年在巴黎建立。但是，在 1572 年 8 月 24 日晚上即 "圣巴多罗买节" 那一天，巴黎的胡格诺派领导人全部被屠杀了。

罗马宗教裁判所

新教的兴起引发了大规模的猎巫运动。具有讽刺意味的是，最疯狂的猎巫运动就发生在新教的领地上。天主教会把巫师作为异端分子而开展了对其的打击，但是到 1542 年，教皇保罗三世意识到，新教是对他权力的一个可怕威胁。西班牙宗教裁判所已经统治了意大利的大部分地区，这给教皇提供了极佳的范例，他建立了罗马宗教裁判所，主要目的是清除罗马教廷国家的新教异端，但最终因为教皇是天主教世界的领袖，所以罗马宗教裁判所成为信仰方面的最高权威。

罗马宗教裁判所由六位红衣主教主政。他们有权委派代表，审理针对这些代表作出的裁判进行的上诉。在教皇保罗三世和他的继任者尤里乌斯三世统治下，罗马宗教裁判所是相对节制的。尤里乌斯三世甚至规定，它的管辖范围应当仅限于意大利境内。但是，1555 年保罗四世上任后，这种状况大为改观。根据《教皇史》的记载：

> 草率且轻信于人的教皇愿意相信每一个指控，甚至那些最为荒谬的指控。只要涉嫌为异端分子，那么不论其阶级、尊严、品德，都要一律惩处，并被宗教裁判所视为教会的公敌。教皇不断催促裁判官在浩繁的案件中找出异端分子来——而冷静和谨

慎的观察者是不会在这些案件里发现任何异端迹象
的……

保罗四世的继任者是庇护五世，他是一个多明我会修士，还曾任最高裁判官。他的目标是消除异教徒、错误教义和谬误思想，据说他经常在宗教裁判所的审讯中亲自上阵，并推动法国和尼德兰彻底铲除了胡格诺派。

当意大利成功地镇压了新教之后，罗马宗教裁判所的注意力就集中在了如何保持天主教信仰上。1908 年，"宗教裁判所"改名为"圣职部"；1965 年，再次改名为"教义部"。

第四章

粗暴的酷刑手段

酷刑主要是为了施加痛苦（或者至少是以施加痛苦相威胁），从而可以利用人们对痛苦的恐惧。既然如此，行刑人的行刑手段就可能是极为粗暴的：只要能达到目的，上什么手段都行。只有当法典对行刑的手段、程度作出严格的限制时，或者当行刑人想变着法子虐待受刑人时，才会设计出第8章所讲的那些专门的行刑工具和行刑机器。

几百年来，不用专门行刑工具的酷刑可以分为四类：其中三类分别是借助体力、火或者水。第四类被戏称为"巧妙的"或者"精致的"酷刑，其形式多种多样，包括关在笼子里的咬人昆虫（见第3章、见第9章），打脚板（见第9章），残酷的电击（见第8章）以及单纯的精神摧残（见第12章），等等。

借助体力的酷刑又可以进一步分为：用钝物击打，用利器切割或者捅刺，拉伸扭曲，挤压，以及砍断肢体。

残暴的行刑人很少仅使用一种手段。埃德蒙·伯克在弹劾沃伦·黑斯廷斯（他于1788年被指控在任印度总督期间渎职）时所做的演讲中，举例说明了行刑人都能干出些什么来。黑斯廷斯有个手下是一个名为德维·辛的税务员：

> 那些交不起税的人会受到他最为残酷的折磨：用绳子紧紧勒住他们的手指，直到每只手上的四个手指头都血肉模糊，变成一团肉泥；然后再用铁或木制的楔子把手指分开。还有些人会被两个两个地把脚绑在一起，挂在木棍上，脚朝上被吊着；然后开始打脚板，直到脚指甲脱落。然后再打头部，直到血从嘴巴、鼻子和耳朵里涌出。此外还要用竹杖、多刺的灌木鞭打赤裸的身体，最残忍的是用有毒的草绳鞭打，这种草具有强烈的腐蚀性，每次打到身体上都像火烧一般。
>
> 这个下令使用这些酷刑的魔鬼的残忍之处在于，在折磨受刑人的身体的同时，还琢磨着折磨他的精神；他经常把父亲和儿子剥光衣服，手脚并捆在一起，把他们打得皮开肉绽。他的恶毒之处在于知道每一鞭都不会落空，儿子心里明白，如果他躲避的话，这一鞭会落在父亲身上；同样地，父亲也知道如果他躲避，这一鞭就会落在儿子身上。
>
> 女性所受的酷刑更是令人难以启齿……处女被

带到法庭，她们本应在这里得到保护，但是现在她们只能空期盼一场；当着司法者的面，当着旁观者的面，在光天化日之下，那些纤弱的、羞怯的处女被残忍地强奸……在所有民族中都被最为小心地隐藏起来的那种端庄，被这个魔鬼公之于众，慢火焚烧……

类似粗暴残忍的行刑手段，在历史上被使用了几百年，可悲的是它们直到今天还在被使用。大赦国际（见第 13 章）的文件中有很多关于受刑人的类似记载。例如，1987 年在缅甸的曼德勒，一位被警察抓获的缅甸学生说：

一队人走了进来，剥光我们的衣服，用手铐把我们铐起来，用绳子把我们吊到天花板上……他们再次审问我，问相同的问题，对这些问题我的回答依然如故。所以他们用汽车的风扇皮带抽打我……我总共可能挨了七八十下……不一会儿我就完全失去了知觉。他们对待我的伤口跟对待我朋友的一样……把人放倒，往背上撒盐和咖喱粉……然后在背上撒尿。

拉肢刑和挤压刑在其他章节（见第 8 章和第 6 章）有详细讨论。还有一种必然导致死亡的酷刑是轮刑，很多欧洲国家都使用这种酷刑，特别是法国。

埃德蒙·伯克出生于爱尔兰，是 18 世纪下半叶杰出的政治家。他对东印度公司统治下的印度腐败政府非常不满。1788 年，他发起了对印度总督沃伦·黑斯廷斯的弹劾。在一次充满激情的演讲中，伯克讲述了在黑斯廷斯统治下所使用的残忍酷刑。

　　轮刑的轮子类似于一个大车轮，直径约两米，水平地安置在一根桩子上面。受刑人手脚被拉开，绑在轮辐或者轮缘上面；然后行刑人用一个铁棒或者大锤把每个肢体都敲成两段。

　　然后，行刑人通常会猛击受刑人的脖子或者肚子，给他致命一击。但有时受刑人就没有这么幸运。1761 年，86 岁的让·卡拉斯被指控勒死了自己的儿子。他被下令用刑，"在轮子上被活生生地砸了两个小时之后才被打了最后一击，然后被烧成灰烬"。在德国，受刑人可能会被猛击多达 40 次。纽伦堡的一个行刑人受命对自己的小舅子行刑。据称，他"用烧得通红的钳子撕扯两次，用铁棒猛击 31 次，之后才使其毙命"。

　　在英格兰没有关于轮刑的记载，但是在苏格兰有一些记载。1591 年 4 月 30 日，约翰·迪克桑因为弑亲而被下令用轮刑处死。罗伯特·比勒尔曾在日记中写道："1600 年 7 月 2 日，因为谋杀沃里斯顿领主，罗伯特·威尔被绑在大车轮上挨打，很快就死掉了。"

　　一种同样残暴但很少致命的酷刑是砍断肢体。因为大多数犯罪（特别是盗窃罪或者伪造罪）都是用手实施的，一种典型的刑罚就是剁掉一只手或者一双手。约翰·斯塔布斯曾写了一本被认为是冒犯了伊丽莎白一世的小册子。1581 年在伦敦，他和这本小册子的印刷商威廉·佩斯惨遭相同的酷刑。在威斯敏斯特的断头台上，"一把剁肉刀劈过手腕，将他们

一种必然导致死亡的酷刑是轮刑，很多欧洲国家都使用这种酷刑，特别是法国。

的右手砍掉。当受刑人用烙铁灼烧血淋淋的断肢时，佩斯哭喊道：'我在这里留下了一只真正的英国人的手。'同时斯塔布斯用他仅存的另一只手挥舞着帽子高呼：'上帝保佑伊丽莎白女王！'"

就像烙印刑（见下文）一样，砍断肢体的目的是：在受刑人的余生，所有人都能看到他曾经犯过罪。在 16 和 17 世纪的英国，很多知名人士都因为发表煽动性言论而失去了一只或者两只耳朵。1628 年罗伯特·斯特兰奇爵士因为威胁到了白金汉公爵的生命，他被一路鞭打，从圣殿关到威斯敏斯特，在威斯敏斯特被砍掉双耳，脸颊上被打上烙印。

1731 年，彼得·斯特林格爵士"因伪造 2000 英亩土地的转让契据而被判有罪"。他是第一个被送上查令十字街颈手枷的人：

> 时限就快到了，他被固定在台子中间的扶手椅上，刽子手约翰·库珀……从他身后走上前来，用一把类似于园丁修枝刀一样的刀具，割掉他的双耳，并将其举起来示众，然后交给治安官沃斯顿先生，又接着用一把剪刀剪下了两个鼻孔……

亵渎上帝的刑罚一般是拔掉舌头。1535 年 1 月，法国的一位胡格诺派教徒安托万·普利尔的舌头被刺穿，钉在脸颊上，然后被活活烧死。1766 年，17 岁的谢瓦利埃·德·拉·

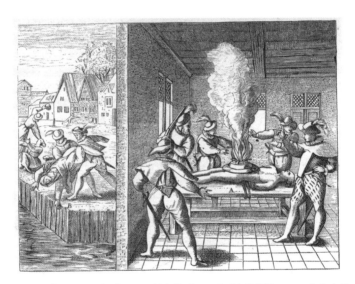

16世纪晚期尼德兰南部荷兰天主教会的刑讯。受刑人仰面躺下，一个大盘子扣在他赤裸的肚子上，盘子里有一些睡鼠。当在盘子上点火时，"睡鼠……会钻进受刑人的肠子"。

巴雷被指控损坏阿布维尔大桥上一个木制的耶稣受难像。因为这个罪行——也可能是因为他是伏尔泰的拥趸——他被施以酷刑，被拔掉了舌头。

在中东，砍断肢体的酷刑曾经并且现在仍然呗广泛使用。W. 亚历山大在他的著作《女性史》中，谈到了埃及人的法律：

> 处女的贞操被严刑峻法所保护。对女性自由民犯下强奸罪的人，生殖器要被切掉，从而使他失去再犯类似犯罪的能力，其他人也会被如此可怕的刑罚所震慑。

火刑

灼烧的疼痛可能是最痛苦的。几百年来，行刑人为使用火刑设计了各种手段。其中有些专门为行刑而设计的工具，例如，铜牛、刑靴、西班牙椅（分别在第 1 章、第 8 章、第 5 章有所论述）；但是在更多时候，单纯粗暴地用火炙烤或者灼烧所制造的痛苦就已够受的了。

在第 3 章我们已经看到，神判法也会用灼热的烙铁来检验诉讼当事人说的是不是真话。这种神判法后来演变成了宗教裁判所的审讯手段。到中世纪，行刑人将这一手法发扬光大。当时整个欧洲都会用到火钳。

1437 年苏格兰的詹姆斯一世被谋杀，主谋者是阿瑟尔伯爵沃尔特，他是一位王位继承人。沃尔特被押到行刑地——爱丁堡的十字路口，用火钳撕扯他的肉，把一个铁王冠在烈火中烧红后戴在他的头上，并宣布他为"叛国之王"。

1584 年在尼德兰，谋杀了奥兰治亲王威廉的巴尔萨泽·格拉尔茨也遭此厄运。他遭受鞭打和拉肢之后，他的躯体被用炽热铁钳撕成一片一片，直至断气。

对于轻一些的犯罪，刑罚不是处死，而是打烙印。在英格兰，恶棍一般被烙铁在左手上有肉的地方打烙印。流氓无赖和流浪汉被烙上一个"R"（"rogue"的缩写），小偷被烙上一个"T"（"thief"的缩写），过失杀人犯被烙上一个"M"（"manslaughter"的缩写）。身体的其他部位也会被打上烙印：对在商店行窃的，烙在脸颊上；对亵渎上帝的，用烧红的钎子穿透舌头；对作伪证的，在额头上烙一个"P"（"perjury"的缩写）。

这些刑罚在 1548 年被写入法令；1624 年，这些刑罚开始适用于女性：

> 本议会规定，任何依其供述而被合法定罪或者被 12 人陪审团裁决定罪的女性，如果犯有偷盗 12 便士以上 10 先令以下财物之犯罪，或者帮助实施上述犯罪，并且不是夜盗、不是在公路上或者公路旁

在手上打烙印。

边抢劫……凡初犯者，用炽热的烙铁在拇指上烙一

个罗马字母"T"。

英国世俗法庭一直都使用烙印刑，直到 1829 年才废除。在军队则直到 1879 年才废除。

不仅仅是小偷和流浪汉，舞文弄墨的人也会被打烙印。1628 年，苏格兰牧师亚历山大·莱顿被指控"捏造、出版和传播一本诽谤他的国王、贵族和主教的著作"。他被割掉一只耳朵，脸上被烙上字母"SS"（"sower of sedition"的缩写），意思是"煽动言论的传播者"。威廉·普林是英国的一位出庭律师和议员，他已经因为他的著作而失去两只耳朵了，1637 年又因为出版攻击英国国教之主教的小册子而被打上烙印，判处终身监禁刑。他脸颊两边都被烙上字母"SL"（"schismatic libeller"的缩写），意思是"支持教会分裂的诽谤者"。

在法国，一开始的烙印是鸢尾花，然后换成了字母"TF"（"travaux forces"的缩写），意思是"受苦役"。珍妮·德·拉·莫特卢瓦伯爵夫人则受到了与此不同的惩罚。1786 年，她盗窃并变卖了一串华丽的宝石项链，这是路易十五生前赐给他的情妇杜巴丽夫人的。她被宣判在公众场合受鞭刑，并且在每个肩膀上都烙上字母"V"（"voleuse"的缩写），意思是"贼"。但是，在一个肩膀被打上烙印之后，她剧烈地扭动，导致炽热的烙铁烙在了她赤裸的胸脯上。

有时烙印刑还会用到更为粗暴的方法。一份 1624 年的关于东印度群岛的荷兰人开展审讯的报告写道：

> 就像之前一样，他们再次把他举了起来，用点燃的蜡烛烧他的脚底，直到熔化的脂肪滴灭了蜡烛；然后再换上新的蜡烛。他们还在他的肘部下面、手心、腋窝下面烧，直到深可见骨。

尽管在官方而言，这些粗暴的酷刑是不合法的，但却一直被沿用到 20 世纪。在过去的 100 年里，很多警察的口袋里有随手可用的刑讯工具：香烟和火柴。1990 年，一位土耳其的库尔德人塞玛斯·乌库斯在希腊被逮捕。他说警察把他的手铐在背后，用打火机烧他的脚板和生殖器，然后殴打他。当一位高级官员问他为何被打时，答案是"就是因为他是一个土耳其人"。1991 年，印度一个小商店店主曼佐·艾哈迈德·奈古说，逮捕他的人"把我捆绑起来，剥掉衣服，然后把衣服系在我的生殖器上，并点上了火"。

在烤架上炙烤是一种较早的酷刑。公元 258 年，圣劳伦斯就是这样被罗马人处死的。据说当时他极度痛苦，向行刑人高呼："这一面已经烤焦了！你想想吧！烤焦的肉好还是生肉好？"

还有其他一些利用"高热"的酷刑手段，例如滚烫的水、油、牛脂或者热熔的铅都经常被用到。这些往往都只是

据说曾在西班牙宗教裁判所使用的一种精巧刑具。受刑人被绑在轮子上，当轮子转动时，他身体的各个部位，从脚板到眼睛依次被火盆炙烤。同时行刑人的助手还会用一个风箱来保证火烧得够旺。

酷刑的一部分，但也往往是一个人所受的最后一种酷刑。1531 年在英格兰，理查德·鲁斯对罗切斯特主教一家 17 口人下毒，致死 2 人。议会专门通过一部特别法令，他被据此宣判"在沸水中煮死"。这部法令在《法令全书》中一直保留了 16 年才被废止。在 1541 年，一位女仆玛格丽特·达威因为类似的犯罪而遭受同样的厄运。

水刑

水是非常容易获得和便于使用的，因此很多个世纪以来，行刑人都以各种方式利用水来行刑。其中最简单的方式是给受刑人灌水：在刚刚受过刑之后，受刑人都愿意喝点水来减轻痛苦；但是很快他就喝饱甚至喝胀了，进入一种强烈的不适状态。威廉·利斯戈讲述他受水刑的经历令人印象深刻。他是一位苏格兰人，1620 年在西班牙被误以为是间谍。在他上了拉肢架之后：

> 行刑人……走向我脑袋下面一个装满水的瓦缸，从那里舀了满满一罐水，罐子底部有一个小孔，他用拇指堵着孔把罐子端到我嘴边，然后把水灌入我的肚子。第一罐和第二罐的时候我高兴地喝了下去，因为我遭受痛苦折磨后极度干渴，并且在此之前我已经三天没有喝任何东西了。

但是到第三罐的时候，我就感觉这些灌进身体的水是一种酷刑，令人窒息的酷刑！我紧闭着嘴。行刑人被激怒了，用一副铁嚼子撑开我的牙齿，往里面灌水。我的肚子渐渐变大，像鼓一样。因为我的头倒垂着，所以水不断灌进来，堵住我的喉咙，我既不能嚎叫也不能呻吟。

1622 年，东印度群岛的荷兰人在审讯一批涉嫌密谋夺取荷兰总部的英国商人时，对这种水刑作了更为暴虐的改造：

他们在受刑人脸上蒙一块布，蒙得很紧，然后把水缓缓地倒在他的头上。水浸满布后，就溢到嘴巴和鼻孔里。从而受刑人无法呼吸，只能呛水……接着继续缓缓倒水，他的鼻子、耳朵、眼睛都有血溢出来，最后会致其窒息乃至不省人事。

然后他们把他迅速放下来，让他把水吐出来，等他略微缓过一点气，就再次把他绑起来，像之前一样灌水，当他看起来要窒息时又迅速把他放下来。用这种方式，他们给他施加了三四次水刑，直到他的身体胀到原来的两倍或者三倍大，他的脸颊肿得像膀胱一样，眼睛瞪圆了，像是从额头上胀了出来。

荷兰人还使用另外一种水刑。17 世纪作家埃内斯图斯·埃里蒙多斯·弗里修斯在他的著作《低地国家动乱史》中写道：

　　他们挖空了一个被称为"木马"的长凳，形成一条水槽，从而使受刑人可以全身平躺在里面。水槽中间部位横着一根圆棒，受刑人的背部搭在上面，以头高脚低的姿势，使他躺在圆棒上面而非躺在水槽的底部。当受刑人以这个姿势躺下后，他的胳膊、大腿、小腿都被用细绳或者丝线绑住，这些绳线由间距相同的螺丝钉抻住，深切入骨，几乎看不到。此外，行刑人把一块薄布蒙在他的嘴巴和鼻子上，使他很难呼吸，同时一股细小的水，像一根线一样（不是一滴接着一滴）从高处落下，倒进这个可怜人的嘴巴中。这块薄布很容易被吸入他的喉咙，使他无法呼吸。他的嘴巴被水堵上，鼻子被布堵上，这个可怜人就像将死之人一样痛苦不堪，每次呼吸都像是生命中的最后一次。

　　当薄布被从喉咙中拽出来，以便于他回答问题时，可以看到布已经被水和血浸透了，就像从他的嘴巴里扯出他的肠子来一样。

16世纪的法学家希波吕托斯·德·马西利斯（见第3章）被认为发明了一种特别精妙的水刑。他通过观察水如何一滴一滴地落在石头上逐渐地打出一个洞来，把这种方式用

水刑：把一块布蒙在受刑人的嘴巴和鼻子上。一股水倒下来，布被吸入
受刑人喉咙，使之窒息。

到了人身上。受刑人被绑住放倒，不能动弹，冷水慢慢地滴落在身体的一个很小部位上——额头是这种酷刑最适合的位置：受刑人可以看到每滴水落下，逼人发狂。

还有一种方式是从高处把水源源不断地倒在受刑人的额头上。19 世纪的美国监狱中用了与此类似的手段：惹了麻烦的犯人被锁在淋浴隔间里，接受冷水冲击。这种酷刑可能是致命的——1858 年，纽约奥本监狱的囚犯西蒙·穆尔在这种状态下待了半小时，就精神崩溃而亡了。1882 年，美国监狱中废除了所有的冷水刑。

到了 20 世纪，行刑人大都放弃了这些更为精巧的刑罚，而满足于把受刑人浸入一缸冷水之中的简单办法（见第 11章）。一位巴拉圭囚犯讲了近年来的情况：

> 房子中间有一个普通的浴缸。从墙洞里伸出一根塑料管，水从那里流出来把浴缸注满……他们让我坐在浴缸最高处的边上，用绳子绑住我的脚，并把双手绑到背后……
>
> 突然，他们抓住我的肩膀，把我按到浴缸底部。我屏住呼吸一阵子后，竭力想把头伸出水面，呼吸一些空气。我试图转动我的头，但是他们再次把我按到水中，我拼命挣扎时，他们中最重的那个人踩住我的上半身，使我动弹不得。我再不能忍受缺氧的状态，水开始从我的嘴巴、鼻子和耳朵灌入进来。

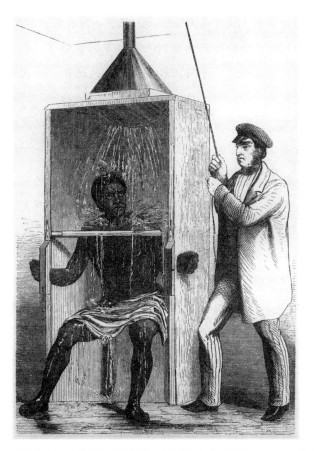

19 世纪在美国监狱常用的一种酷刑。爱惹事的犯人会被锁到在淋浴室的隔间里，接受冷水冲击。

因为进水，我的耳朵开始嗡嗡作响，感觉就要像一个气球一样爆炸了。然后我感觉到好像有刺耳的口哨声，一开始声音很大，最后也没有完全消失，特别安静的时候仍能听到。我吞下的水越多，我越挣扎着想呼吸。他们把我按到浴盆的底部……我肯定吞下了 8 到 10 升的水。当他们把我弄出来扔到地上时，他们中的一个人狠狠地踩我的肚子；水从我的嘴巴和鼻子里涌出，就像胶皮管的喷嘴喷水一样。

在西班牙语和葡萄牙语国家——菲律宾、玻利维亚、乌拉圭、巴西、巴拉圭和墨西哥——这种刑罚被行刑人戏称为"潜水"。墨西哥还有一种酷刑叫作"特瓦卡那佐"（这个名字来自一种汽水的牌子）——把带气的水灌入受刑人的鼻孔，有时还混合着辣椒粉。

最后，必须提及的是英国皇家海军使用了近两个世纪的一种不人道的酷刑。1634 年的一本著作写道：

用一根绳子绑在罪犯胳膊下面、身体中部和臀部，然后沉入海中，有时是两次，有时是三次。如果罪行严重，受刑人会被在船底龙骨处拖曳。当他们浸入水中时，会有人从船上向他们开枪吓唬他们，也警告他人小心受到他们的伤害。

浸水椅是水刑在英国的一种特别形式。它通常用作对泼妇的一种酷刑。

第五章

西班牙宗教裁判所

很少有哪个司法机构能比西班牙宗教裁判所更加臭名昭著，更加令人恐惧。然而，与欧洲南部大多数地区的宗教裁判所相比，西班牙宗教裁判所发展得相对较晚。13世纪时，当欧洲其他地方与异端分子做斗争时，信奉基督教的西班牙人正忙于与入侵的摩尔人进行长期艰苦卓绝的战斗，并借以增强他们的信仰。夺回半岛的任务完成后，在王国内部统一宗教信仰的问题就提上了日程。

起初，犹太人被视为统一宗教信仰的主要障碍。700年来，摩尔人对犹太人实行宽容政策，犹太学者和犹太商人在数量上和影响力上都得到增长。到14世纪晚期，卡斯提尔和里昂国王亨利三世开始对犹太人施加压力，他们只有两个选择：或者从犹太教信仰转向基督教信仰，或者去死。

那些表面抛弃了犹太教，但是私下仍秘密保持犹太教的人被称为"马兰诺人"——一个不敬的称谓。据统计，马兰诺人超过了 100 万人。1469 年，斐迪南和伊莎贝拉联姻（"西班牙天主教双王"）而使卡斯提尔和阿拉贡联合后，这些马兰诺人被宣称是对西班牙信仰和王国安全的一个威胁。

1478 年，教皇席斯特四世被说服发布了一项诏令，授权天主教国王任命他们中意的裁判官。原本打算促成教会和王室的结盟，但实际上却导致了王室绝对权力的扩大。最早的西班牙裁判官是在塞维利亚被任命的，他们表现出了在搜寻异端分子方面的极大热情，以至于教皇想要打压他们。但是西班牙王室也意识到自己手中有了一个强大的武器，席斯特四世发现他无法影响到这些裁判官。1483 年他被迫认同卡斯提尔和里昂所任命的总裁判官；同年，阿拉贡、瓦伦西亚和加泰罗尼亚也开始处于西班牙宗教裁判所的控制之下。

这五个王国的总裁判官听命于最高裁判官；最高裁判官由王室任命，教会被迫授予其司法权。他在五人委员会的协助下任命代理人和听取审讯。

首任最高裁判官是多明我会神父托马斯·德·托克马达，"他的名字象征着西班牙宗教裁判所最坏的一面，并且成为宗教偏执和狂热主义的代名词"。他于 1483 年 8 月被任命后，在塞维利亚、哈恩、科尔多巴、雷阿尔和萨拉戈萨都设立了裁判所。次年，他制定了一个有 28 条条文的文件作为地方裁判官的指南：他们不仅审讯异端和叛教相关的犯罪，而且还包括巫术、重婚、亵渎上帝和放高利贷，而且他们被授权使用酷刑来取证。

托克马达劝说斐迪南和伊莎贝拉（托克马达是她的告解神父）发布了 1492 年 3 月 31 日法令，该法令给了西班牙的犹太人两个选择：或者是皈依基督教，或者被驱逐出境。结果，超过 16 万的犹太人离开了西班牙；其中大多数是赛法迪犹太人，他们把中世纪西班牙人的血脉一直延续到现代社会，就像意第绪语在德语国家一直延续下来一样。那些留下来并接受了基督教信仰的犹太人被称为"皈依者"。尽管一般认为哥伦布出生在意大利的热那亚，但是他只说西班牙语，使用西班牙文名字；西班牙人说哥伦布是西班牙人，一些历史学家指出，哥伦布事实上是一个皈依了基督教的犹太人。甚至据说托克马达自己家庭的出身也是皈依者。

这可能能够解释托克马达为什么猛烈镇压皈依者。几千人因为秘密进行犹太教活动被烧死在火刑柱上。哲学家胡安·路易斯·维韦斯（鲁汶大学的人文科学教授，后来是牛津大学基督圣体学院的法律博士，亨利三世的女儿玛丽的家庭教师）的整个家庭都被用这种方式清除了。托克马达运动的早期受害人之一是一位名叫贝尼托·加西亚的人。他已经立誓皈依基督教 35 年了。1490 年，他刚朝拜完圣地亚哥德孔波斯特拉的圣詹姆斯神殿，在回家的路上就被逮捕了。在他的背包里还找到了一块圣饼。在对他长达六天的行刑中，他供认和五个皈依者、两个犹太人共谋，杀害一个来自拉瓜

多明我会神父托马斯·德·托克马达是西班牙宗教裁判所 1483 年任命的首任最高裁判官。他致力于开展迫害马兰诺人的运动。

迪亚的孩子进行献祭。他说他们计划用孩子的心和圣饼施咒，从而可以咒死所有基督徒，让犹太人霸占基督徒的财产。其实拉瓜迪亚并没有孩子走失，但是托克马达对这个指控大肆宣扬，以致次年秋天，一个拉瓜迪亚"圣子"的邪教就已经建起来了。

但是，很多皈依者存活了下来，并且真诚地信奉罗马天主教，没过多久就开始投身于西班牙的宗教界和思想界活动。至少有两位圣徒——圣女大德兰和圣约翰——声称是来自皈依者的家庭，正如耶稣会第二任总会长迭戈·莱内斯一样。

16 世纪中叶，在皈依者已经繁衍了两代之后，宗教裁判所关注的重点已经不是铲除犹太教了，而是转而关注异端出版物的审查制度，以及在基督徒中执行"正确的"宗教信仰——甚至耶稣会会士规则的制定者伊格内修斯·洛约拉都因为涉嫌异端而被传讯过两次。但是，宗教裁判所在传播一种新的关于"纯洁性"的有害教义方面发挥了重要作用。就像后来的纳粹党制定的种族法一样，1547 年，托莱多总教堂的大主教要求所有想要入教的人都要证明他们祖先的纯洁性，必须没有任何皈依者的血脉，并且未曾被指控为异端。1556年国王腓力二世（英国玛丽女王的丈夫）批准了一项法令，宣称"德国、法国和西班牙的所有异端分子都是由犹太人后裔"。整个西班牙都制定了类似法令，这进一步促进了对犹太血脉的追踪。

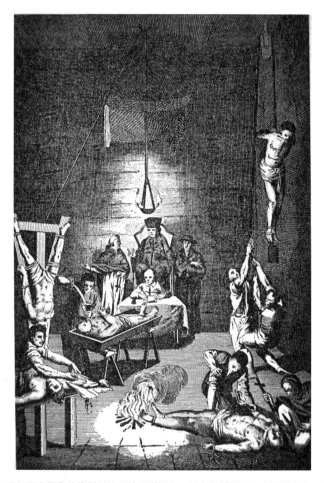

18世纪西班牙宗教裁判所使用的酷刑概览。其中包括吊刑，在脚板点火，以及水刑。主裁判官坐在审讯室的后面，一位书记员在他前面，记录他审讯的成果。

此时西班牙的疆域包括在美洲、西西里岛、那不勒斯王国、尼德兰新发现的土地，1580 年，葡萄牙也成为西班牙的一部分。除了那不勒斯的居民强烈反对以外，其他所有地方都处于西班牙宗教裁判所的魔爪之下。

1554 年，法学家 J. 达沃德讲到了西班牙尼德兰的布鲁日所采用的一种利用拉肢架的典型酷刑：

> 受刑人被剥光衣服，躺在一张长凳上，他的手绑在背后，肚皮朝天，生殖器被一块麻布盖着。他被绑在长凳上，以防止跌落。两个大脚趾被绳子绑到一个轮子、棍子或者类似的工具上，用以拉扯他的身体。然后，另一根绳子绕住他的大腿，根据审讯人的指令而或紧或松……有时还会用一个有活扣的绳圈套在受刑人额头上，用两根棍子或者骨头绞紧。然后行刑人用一块布蒙在受刑人眼睛上并堵住他的鼻孔，往他的胸上、腿上、脚趾上倒水，并用一个小小的马笼头撑开他的嘴，往里倒进冷水，直到他肿胀得无法忍受但还不至于丧命时……

> 好的裁判官总是有同情心的，他一定会考虑受刑人是年轻还是年老以及他的健康状况，以确保他是一个好的裁判官，而不是嗜血成性的暴君。他小心翼翼地、温和地开始，然后根据犯罪的严重性、证据的证明力大小以及受刑人的态度，开始逐步严

酷地行刑，直到最后是极度严酷地行刑。他必须无
视受刑人的尖叫、哭喊、叹气、颤抖或者痛苦；整
个行刑过程都必须小心翼翼、自我节制，避免受刑
人被逼疯、受伤或者过度虚弱。

如果这就是"好的裁判官"的态度，我们就可以设想，
落在其他那些无所顾忌的裁判官手里的受刑人会受到怎样的
折磨。并且，当受刑人身体的每一块肌肉都被合法地撕扯时，
什么叫作避免"过度虚弱"？

与法国、意大利、德国的多明我会裁判官的法庭不同，
西班牙宗教裁判所法庭是特地建造的，并且往往是华丽的宅
邸。例如，在葡萄牙，宗教裁判所的房子包括四个气派的法
庭，一套总裁判官的豪华寓所，还有几套房子围绕着一个中
央的庭院，这些房子是皇家法庭成员和其他要人想要来观看
行刑时供他们居住的。

宗教裁判所的刑讯程序是秘密进行的，被指控人不允许
有辩护人代理诉讼，也没有与对其不利的证人当面对质的权
利。当他们被宣告有罪时，他们的财产被罚没充公，被宗教
裁判所、王室和指控人所瓜分。整个刑讯程序所引发的恐怖
是巨大的，更别说还有行刑人等在阴森恐怖的地下刑讯室里，
他们从头到脚一袭黑衣，戴了一个黑色修道士大兜帽把脸遮
住，只留了两个洞把眼睛露出来。

菲利普·范·林博克在他的著作《宗教裁判所史》中讲

行刑人和他的助手头戴黑色大兜帽，他们把不幸的受刑人带到行刑室，在第一次审问开始之前，先把刑讯工具展示给他看。

到了那里发生的事情：

> 毫不考虑人道或者尊严地把受刑人剥光，不仅对男人是这样，对那些最贞洁的妇女和处女也是这样。他们被脱得一丝不挂，然后穿上裁判所的亚麻布内衣。

酷刑的第一阶段一般是倒吊，相当于格里兰杜斯所说的吊刑的第四等级（见第3章）：用一根绳子把胳膊绑在背后，头朝下吊起来，受刑人时不时地被突然猛地放下来。他的所有关节逐渐都脱位了。弗里德里克·肖伯尔说，在此之后：

> 如果这种酷刑还吓不住他，就会诉诸水刑。他被灌下大量的水，然后躺在一个有盖子的木槽中，行刑人想盖多紧就盖多紧。木槽中横着一根棍子，受刑人的背部靠在上面，以此把他的脊椎压断。
>
> 火刑同样十分痛苦。行刑人燃起一堆烈火，受刑人平躺在地上，脚板被抹上猪油或者其他易燃的物质，靠近火焰灼烧，直到所遭受的痛苦能逼他按照行刑人的意思招供为止。

这种手段衍变出来了更为残忍的"西班牙椅"。这是一把沉重的铁椅子，受刑人坐在上面，脖子、胳膊、大腿都被绑起来，脚被锁起来。一个燃烧的火盆被放置在脚附近或者椅子下面，以使热量逐渐地延伸到椅子的各个部分。

宗教裁判所使用的一种最简单但最有效的酷刑就是用火烧受刑人的脚板。

如果这些方法还不足以摧毁受刑人的精神，那么还会起用拉肢架。拉肢架有很多种样式，并不总是拉伸受刑人的身体（见第 8 章）。例如，1753 年在里斯本，英国人约翰·库斯特斯的脚脖子被绑在拉肢架上，颈部被套了一个项圈。绳子绕过他的胳膊和腿，穿过拉肢架边框上的洞孔，逐渐拉紧从而切入肌肉，深达骨头。

在安东尼奥·加文写于 1725 年的一本奇书《天主教会的万能钥匙》中，记载了其他一些明显不同寻常的暴虐酷刑。据其记载，当法国军队占领阿拉贡时，打开了宗教裁判所的监狱，大约 400 名囚犯被释放，"其中有 60 名漂亮的年轻女性，她们显然是三名总裁判官的后宫"。其中一名女囚犯讲述了她在第二裁判官唐·弗朗西斯科·托雷贡手中时的经历，说了一位女仆所展示给她看的东西：

> 她把我带到楼下，打开一扇厚重的铁门，进入一个大房间。里面有一个烤炉，正点着火，一个大铜锅置于其上，上面盖着盖子，上着锁。在隔壁的一个房间里，有一个大轮子，两侧都盖着厚板，中间有一个小窗；玛丽用蜡烛照着让我看里面；在那里我看到整个轮子上都安置着锋利的刀片，吓得我直打颤。然后玛丽带我来到一个深坑旁，里面养着很多有毒的动物。
>
> 当我因眼前的景物而大为惊恐时，她说："我

的好主人，现在让我告诉你这些物件的用法。那个烤炉是给异端分子以及那些违背神父意志、惹神父不开心的人用的；他们被剥光后，被放到锅里，锁上盖子。行刑人开始是小火慢烤，然后火势逐渐增大，直到那些人的身体被烧成灰烬。轮子是给那些说教皇或者宗教裁判所的神父坏话的人用的；他们被从那扇小门中推入轮子，锁上门，然后轮子开始快速旋转，直到他们被切成碎片。深坑是给那些侮辱圣像、拒绝对教会人士给予适当尊重的人用的；他们被扔进深坑，成为这些毒物的食物。"

上述故事是令人怀疑的：年轻女囚犯可能是听了太多当时为反对天主教而编造的耸人听闻的虚构故事。

令人意外的是，并非所有受刑人都会招供认罪，以让他们的行刑人满意；特别是有些女性，做到了坚忍不拔。例如，60 岁的恩格拉西亚·罗德里格斯尽管她的一条胳膊被弄断，一个脚趾被扯掉，仍然拒不认罪。在里斯本，一名年轻女性玛丽亚·达·科西科被指控为异端分子，她在拉肢架上招供了，但是随后拒绝在确认其供述的文件上签字。她再次被带到拉肢架上，也再次招供了，但是放下来后又一次拒绝签字，她说"只要把我从刑架上放下来，我就否认通过刑讯逼取的供述"。第三次上拉肢架后，她拒绝回答任何问题。逼供失败之后，裁判官宣判将她游街示众，公开处以鞭刑，并流放

10年。

能用这种方式成功逃避行刑的人很少，并且他们只能对自己的遭遇忍气吞声。正如德隆在他的著作《果阿宗教裁判所纪实》中所说：

> 当因招供而成功躲过火刑的人走出裁判所的监狱时，他们被要求必须说受到了非常和善和宽容的对待，因为行刑人本可以合法将他们处死，但却饶了他们一命。如果一个人承认了他的罪责，在释放之后又胆敢说自己是无辜的，那么他会立即被指控、逮捕，处以火刑，绝无被赦免的可能。

"火刑盛典"在葡萄牙语里是"auto-da-fé"，这个名字广为人知。这种火刑是被定罪犯人的集体游行，有些犯人已经在监狱中被关押了数年，直到凑够了人数来参加公开的游行仪式。在这种仪式的最终环节，20或30个犯人要在狂热的人群中被活活烧死。詹姆斯·加德纳在《世界上的信仰》中引用了一位目击者的描述：

> 队列中的犯人穿着"圣贝尼托"，戴着"克罗扎"，脖子上绑着绳子，手中拿着一支黄色蜡烛。"圣贝尼托"是一种苦行赎罪的斗篷或短袍，由黄布制成，垂至膝盖，上面绘制的图案是穿这样衣服的人被火灼烧，同时龙和魔鬼在扇动火焰。穿着这

葡萄牙殖民下的印度果阿的宗教裁判所标语。那里的监狱被托雷斯·德·卡斯提尔形容为"最肮脏的、最黑暗的和最恐怖的地方，太阳的光线从未进入到这里"。

种服装就意味着将要被作为不可救药的异端分子而活活烧死。

如果对犯人的判刑仅仅是苦修，那么"圣贝尼托"上面就是一个十字，没有图案或者火焰。如果一个没有悔悟的人在被带出来游行之前才皈依基督教，那么"圣贝尼托"上面就会画一个朝下的火焰，这被称为"免除火刑"，意味着他不会被活活烧死，而是在柴堆点燃之前被勒死。以前，这些服装都挂在教堂中，作为犯人之耻辱的永久纪念，也作为宗教裁判所的战利品。

"克罗扎"是一种纸糊的帽子，90 厘米高，顶部是尖的。上面同样也画着十字、火焰和魔鬼。在美洲的西班牙殖民地，通常还要给"克罗扎"再加两条长长的扭在一起的尾巴。一些受刑人被塞住嘴巴，以免在游行示众时因情绪失控而辱骂特别法庭或者揭发什么秘密。

将要被活活炙烤的受刑人身体两侧各站一位耶稣会会士，不停地向他们布道，让他们放弃异端邪说。如果任何受刑人试图说一个字为那导致他将受死刑的教义而辩护，他的嘴巴就会立马被堵住。盖德斯博士说："我注意到一个受刑人刚刚被押出宗教裁判所的大门时，他因为看到了数年没有看到过的太阳，喜极而泣：'除了创造它的人以外，看见如此伟大天体的人，怎么可能崇拜任何人呢。'"

这位盖德斯博士见证了 1682 年马德里的一次"火刑盛典"：

> 5 月 30 日，在喇叭、鼓和旗帜的掩映下，宗教裁判所的人骑马来到大广场的宫殿。他们在那里发出公告：在 6 月 30 日，将要执行对罪犯的判决。马德里此前已经有好多年没有见到过这种公开行刑了，因此，市民们焦躁地等待着这一天，就像期待盛大欢庆和胜利的一样。

> 当这一天到来时……人们穿着他们各自习俗所允许的最华丽的衣服来到大广场。在大广场中间升起高高的断头台；从早上七点到晚上，男女犯人陆续被带到这里；王国里的所有宗教裁判所都把他们的犯人送到马德里。

> 有 20 名男女犯人和一个变节的穆斯林教徒被宣判处以火刑。50 个从没有被监禁过并且已经对自己的犯罪忏悔的犹太男女被宣判长期监禁，并戴一顶黄色帽子；10 名被指控重婚、巫术或其他犯罪的犯人被宣判先施以鞭刑，然后送到桨帆船上做苦役，最后这一类犯人戴着纸糊的大帽子，上面写着字，

他们的脖子上戴着绞索，手中拿着火把。

在这个神圣时刻，西班牙的全体法庭成员都到场了。最高裁判官的裁判席比国王的座位高很多。贵族的角色相当于英国的治安官，引导那些将要被烧死的犯人。……其他犯人则由宗教裁判所的工作人员所引导。

因为有犯人要被烧死，所以行刑地点摆放了很多火刑柱，还有大量的干柴堆在那里。为新教教徒（裁判官称呼他们为"伪称信教者"）准备的火刑柱大约有四码高，距离顶部半码的位置有一块木板，供犯人坐在上面。

负责在行刑期间看护犯人的两名神父架着犯人走上台阶。当他们走到前面所说的木板跟前时，回过身来转向民众。神父用大约15分钟的时间规劝他们向教会妥协。如果他们仍然顽固不化，神父就走下台阶，换行刑人登上台，把犯人从台阶上挪到木板座位，用链子把他们的身体锁在火刑柱上，然后离开。神父再次走上前来，再次进行规劝；如果仍然无效，神父在临走时通常会说："他们把自己留给了魔鬼，魔鬼正站在他们身边，准备接纳他们的灵魂。这些灵魂一离开躯体，就把它们和魔鬼都扔到地狱之火中吧！"

然后发出一声整齐的呼喊。当神父走下台阶时，全体都在喊："烧他们的胡子！"同时把燃烧的木柴绑在长竿上，戳犯人的脸，直到他们的脸烧着，人群中发出巨大的欢呼声。然后点燃柴堆，把犯人烧成灰烬。

遭受这种恐怖死法的 21 名男女真是勇气惊人。有些人毫无畏惧地投身火海之中。他们所有人都抱着如此坚定的决心接受命运，以至于很多吃惊的观众都叹息：为何如此有英雄气概的灵魂竟没有得到救赎？国王的位置靠近犯人，所以能听到犯人们濒死的呼喊。然而他不能缺席这样恐怖的场景，因为他的加冕誓言使他有义务通过出席这种宗教仪式而给法庭行为以认可。

历史学家们对死在火刑柱上的犯人人数有争议。略伦特——据称曾多年担任宗教裁判所的秘书——估计，在 1481—1517 年，至少有 13000 人被活活烧死，8700 人先在监狱中被勒死之后烧死，17000 人被判处其他各类刑罚。他还计算出，从 1481—1808 年，仅在西班牙就有 341021 人被判处死刑。其他权威人士则认为这些数据过于夸大了，根据对 1483—1498 年任最高裁判官的托克马达的指控，据公允估算，死亡的人数不超过 2000 人。

然而有记录表明，很多实施相对轻微犯罪的倒霉蛋反而

这是一次典型的 "火刑盛典"。犯人们穿着袍子，头上戴着高高的纸帽子。
每一个犯人身边都有耶稣会会士向他布道，劝他放弃异端邪说。

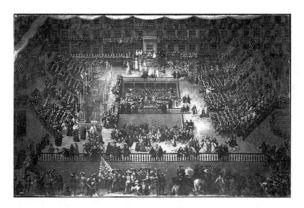

在马德里市政广场举行的一次供皇家成员观赏的"火刑盛典"。宗教裁判所的犯人被从西班牙的各地带到这里，以接受对他们的惩罚。成群衣着华贵的人和贵族来参加这场被视为公共娱乐活动的盛会。

经常被判处很重的刑罚。圣卢卡的一位木雕工人罗胡斯因为不愿意把圣母像低价卖给裁判官，就被判处丑化圣母玛利亚的肖像而被烧死。一位名叫胡安·列昂的新教教徒企图和同伙逃到英国，结果被用刑后烧死。另一位新教教徒——杰出的医生克里斯托弗罗·洛萨达，也是托莱多有名的书法大师仅仅因为用十诫装饰房屋墙壁，就被送上拉肢架受刑，然后被烧死。

　　一个嫁给住在马德拉的名为瓦斯康赛洛斯的葡萄牙人的英国女人，在1704年被指控为异端分子，然后被押送到了里斯本的宗教裁判所。她在牢房里被关押了九个月，多次被鞭打逼供，她的胸部被用火红烙铁烫伤三处。最后，她被带到刑讯室，绑在西班牙椅上；然后给她的左脚穿了一只在火里烧得通红的铁拖鞋。她被烧得骨头都露了出来，晕了过去。当她苏醒后又再次被鞭打，直到她的整个后背血肉模糊。然后行刑人又威胁给她的右脚穿铁拖鞋。毫不意外，她最后在认罪书上签了字，然后就被释放了。

　　塞维利亚的孕妇简·博霍奎亚因为与朋友谈论新教教义而被送上了拉肢架，一周之后就死了。宗教裁判所称："简·博霍奎亚被发现死在了牢房里；此后，经审查对她的指控，宗教裁判所发现她是无辜的。因此不再对她提出进一步的指控……"

　　1714年，英国人伊萨克·马丁因为被怀疑是犹太人而在马拉加被捕。他被扔进格拉纳达宗教裁判所的牢房，并被勒令"完全保持安静，就像你死了一样；你不能说话，不能吹口哨，不能唱歌，不能发出任何可能被听到的声音；如果你听到任何人哭喊，也必须保持安静，不能说任何话，否则就要挨两百鞭子"。在经过长时间的监禁之后，他等到了对他的判决：

> 第二天上午大约十点，我被带下楼。行刑人带着绳索和鞭子走了进来。他命令我脱掉外套、马甲、假发和领带。当我要脱衬衣时，他命令我别管它，他会处理。他往我身上套了一个圈，系在我手腕上，然后拿出一根绳子把我的手绑起来，又拿出另一根绳子系在我的脖子上，把我带出宗教裁判所，外面有许多民众正等着看我这个英国异端分子。
>
> 我刚走出门口，一个神父就宣读了对我的判决："伊萨克·马丁信奉英国国教，是新教教徒，是一个异端分子，不敬主，不敬圣母玛利亚的肖像，因此宗教裁判所判决：绑着伊萨克·马丁上街游行，并打两百鞭子。"……读判决时，行刑人把我推上一头驴子，开始在街道上游行。民众大声喊叫："一个英国异端分子！快看英国异端分子，他不是基督徒！"并且用东西砸我。传令员走在我的前面，大声重复着在宗教裁判所门口宣读的判决，行刑人

在我游行时不断鞭打我。大量的民众骑着马，穿着
节日礼服，拿着棍棒跟在后面。

宗教裁判所对所有人都一视同仁。腓力二世的长子、王
位继承人唐·卡洛斯竟然也成了宗教裁判所的受害人。据说
宗教裁判所的做法令卡洛斯大为震惊，他在私下谈话中批评
了这种做法。意料之中的是，一些怀有忌恨之心的人举报了
他，他就被逮捕了。他的父亲放弃了对他的营救，他被认定
犯有异端之罪，并被判处死刑；但是，考虑他的社会地位，
他被允许选择行刑的方式。1568 年，他死在了牢里，时年
23 岁。

在西班牙的美洲殖民地，宗教裁判所直到 1569 年才建立
起了。被定罪为异端分子的人很少。正如法国作家弗雷兹关
于宗教裁判所在智利的所作所为做出的评论："他们主要忙
于查获真正的或者伪装的巫师，以及宗教裁判所管辖的一些
犯罪，如一夫多妻，等等。至于异端分子，我确信他们一个
都没找到，那里几乎没人研习宗教。"

在墨西哥，宗教裁判所的第一批受害人是英国的海员，
他们是 1567—1569 年约翰·霍金斯远征队的成员。在失去大
部分船只后，他们被迫上岸，然后被抓了起来，当成家奴使
用；但是 1574 年，佩德罗·莫亚·德·孔特雷拉斯被任命为
裁判官后，这些英国人被围捕并押解到墨西哥城，送上了拉
肢架：

他们从我们嘴里逼取了足够的信息以继续进行对我们的审判程序。他们在墨西哥城的集市中心建起了一个巨大绞刑架，正对着大教堂。在宣判的前十四五天，他们吹喇叭、敲鼓，把城里各个地方的民众聚集起来，郑重宣布：宣判那天，在集市中心的人都应当听宗教裁判所对英国异端分子、路德会教友的裁判并观看行刑。完成了这些预备工作后，时间也就迫近残酷的宣判了。行刑前夜，他们来到牢房，带来为我们准备的傻里傻气的衣服，用他们的话说就是"圣贝尼托"。这些衣服用黄色棉布制成，前后都画着红色十字……

大概早上八点钟时候，我们从牢房出发，每个人都穿着黄衣服，脖子上绕着绳索，手里拿着尚未点燃的绿色大蜡烛，每人的左右两侧各有一个西班牙人负责押解。就这样一直走到集市中心的绞刑架，路程大概是一箭之遥。我们发现一路上全是大量聚集的民众，以至于骑着马的宗教裁判所官员不得不在前面开路；到了绞刑架之后，我们借助梯子走了上去，看到上面有给我们准备好的座位。所有人都按顺序排好，等待接受对自己的宣判。

我们坐到指定位置后，裁判官登上另一架梯子，总督和司法官都在那里就座。他们按官阶坐好，然后又来了很多天主教会修士，穿着白的、黑的和灰的衣服，大约有 300 人，他们也坐到指定的位置。然后响起一声庄重的"肃静！"接下来就开始他们严酷的宣判。

第一个被叫到的人是罗杰，他是"耶稣号"船的军械官，他被判在马背上鞭打 300 下，然后到战舰上作为船奴服役 10 年。

接下来被叫到的是约翰·格雷、约翰·布朗、约翰·赖德、约翰·穆恩，詹姆斯·科利尔和托马斯·布朗。这些人被判在马背上鞭打 200 下，作为船奴服役 8 年。之后被叫到的是约翰·凯斯，被判在马背上鞭打 100 下，作为船奴服役 6 年。

然后依次叫了 53 个人，每个人都收到了自己的判决，有些是在马背上鞭打 200 下，有些是 100 下，有些是作为船奴服役 6 年，有些是 8 年，有些是 10 年。然后叫到了我，迈尔斯·菲利普斯，被判在修道院服劳役 5 年，不受鞭打，但在此期间要一直穿着"圣贝尼托"。

然后叫到了约翰·斯托里、理查德·威廉斯、戴维·亚历山大、罗伯特·库克、保罗·霍斯维尔和托马斯·赫尔。这 6 个人被判在修道院服劳役，有的是 3 年，有的是 4 年，不受鞭打。……宣判完

腓力二世的长子唐·卡洛斯。他被宗教裁判所认定犯有异端之罪。

这几个人之后，已经是接近晚上了。然后叫到了乔治·里维里、彼得·莫姆弗莱和爱尔兰人科尼利厄斯，对他们的判决是烧成灰烬，所以当下就送到了集市中心的行刑处……他们很快就被烧死了。我们 68 个收到判决的人当晚被押回了牢房……

当我们在修道院服完劳役后，我们再次被带到裁判官面前，把"圣贝尼托"脱下，挂在大教堂中……每一个人的名字和判决都写在上面，并在下面加一句"一个妥协了的异端路德会教友"。那些被判到船上服役的人的"圣贝尼托"也挂在这里，下面写着"妥协了的异端路德会教友"。这里还有那三个被烧死的人的衣服和名字，写着"被烧死了的顽固的异端路德会教友"。

据统计，墨西哥宗教裁判所在 277 年间，共有 41 人作为不知悔改的异端分子而被活活烧死，99 人被杀死后焚烧画像。1659 年的"火刑盛典"是最盛大的其中之一：23 个男人和 6 个女人中，有 7 个被烧死，其中有 5 个异端分子，2 个犹太人；其他人被认定为亵渎上帝、重婚、伪造、伪证、行巫等各种犯罪。

在秘鲁，宗教裁判所总共进行了 29 次"火刑盛典"，第一次是在 1581 年，最后一次是在 1776 年。总共有 59 人被送上火刑柱。在巴西的葡萄牙殖民地虽然没有建立宗教裁判所，

在"火刑盛典"上，一些犯人被处以鞭刑，一些被判处到船上服役。但是在
盛典的结尾，更为顽固的异端分子要被烧死。

但是从 1591 年起就定期有巡回委员会委员到那里去。被捕的人被送回到里斯本接受审讯。巴西从未有过"火刑盛典"。据统计，在 1591 年到 1763 年间，大概有 400 个犹太人被用船运往葡萄牙：18 个被判死刑，但是其中只有艾萨克·德·卡斯特罗是被活活烧死的（在 1647 年），其他人则是被勒死后焚烧。

果阿的宗教裁判所要严酷得多。那里逮捕的印度人比犹太人还要多。葡萄牙人托雷斯·德·卡斯提尔如此描述对他们的囚禁：

> ……最肮脏的、最黑暗的和最恐怖的牢房，太阳的光线从未射进这里。犯人们不得不吸入有害空气，因为囚禁犯人之地的正中间有一口总是敞着口的枯井，这就是他们的厕所。除了一个小孔外，牢房里的臭味无处散发。犯人们就生活在这个公共厕所中。

宗教裁判所在西班牙、葡萄牙及其海外殖民地活跃了三个多世纪。在西班牙，它在 1808 年被约瑟夫·波拿巴废除，但在 1814 年又得以重建，1820 年又被废除，1823 年又重建，直到 1834 年被最终废除。在葡萄牙，公开的"火刑盛典"于 1771 年被禁止，宗教裁判所于 1820 年被废除。人们希望恐怖时代从此终结。

第六章

英格兰及其殖民地的酷刑

    一种常见的谬论是说英国的法律禁止酷刑。但事实上，它的使用是被默认的：英国法包括在普通法和特别王室法规，因为这些法律从没有把酷刑合法化，所以酷刑就始终是在法外运行。实际上这种观点是错误的。

    本书所描写的一些酷刑并不是这样的。这些酷刑是合法的惩罚方法，或者是审讯程序的一个必要组成部分。其中最为臭名昭著的就是"挤压刑"，直到 18 世纪晚期都在适用。当被指控人被带到法庭上时，法律要求他供述有罪或者无罪。但是其中有一些人被指控的是死罪，他们知道，如果被认定有罪，所有财产都会被没收，妻子和整个家庭都将沦为穷光蛋，因此他们拒绝招供。

    约翰·斯托在 1720 年的著作《伦敦概况》中写道：

    犯人被送回牢房，赤裸着（除了隐私部位外）

带枷示众。这是英国近 500 年最常见的刑罚方式。泰特斯·奥茨诬告他人暗杀
国王查理二世，导致 35 个无辜的人被处决，1685 年他被判犯伪证罪。奥茨被
绑在囚车上，戴着颈手枷，一路遭受鞭笞，从阿尔德盖特游行到纽盖特监狱。
两天后，又被一路鞭笞，从纽盖特监狱游行到泰伯恩刑场。

躺在一间黑屋子的光秃秃的地板上。他的胳膊和腿被绳子绑在牢房里的几个地方，身体上压着铁块、石头或者铅块，几乎是他能承受重量的极限。第二天他会得到三小口黑麦面包，没有水。第三天他会得到一些喂狗喝的水、几片面包。整个行刑过程会受到严密监控，直到他被压死。

这种酷刑通常能成功地迫使受刑人认罪和接受审判。例如在 1726 年，一个名叫伯恩沃思的谋杀犯被传讯后，承受了大概 204 公斤的重压差不多两小时后，就乞求放开他；他认罪并被宣判执行绞刑。

挤压刑不仅是逼供手段，而且其本身就是一种惩罚。正如最初在 1275 年爱德华一世的一部法令中所下的定义：挤压刑是"有力度的、够强硬的囚禁"；但是到 1406 年，重压至死成了一种刑罚。一个典型的案例是约克郡人沃尔特·卡尔弗利，他于两个世纪后的 1605 年 8 月 10 日在约克城堡里被重压至死：

他在精神错乱的状态下……杀死了他的两个儿子……并企图杀死他的妻子……然后骑马去杀在其他地方养护着的儿子亨利，但被人追上并俘获。1605 年 4 月 24 日他接受了约翰·萨维尔爵士和托马斯·布兰德爵士的审问（这天也是他死去的儿子下葬的日子）。他们暂时把他押送到韦克菲尔德。

挤压刑代表着英格兰司法制度残酷的一面，被持续使用了四个世纪以上。

此后他很快被押往约克城堡，在那里他被认定有罪并判处死刑……恢复神智之后，他为了能把他的财产和土地留给他唯一活下来的儿子亨利，于是拒绝认罪（这样就证明他又神智正常了）。最终他被施以挤压刑，重压至死。

——J. 霍斯福尔·特纳，《韦克菲尔德感化院》

卢克·欧文·派克在《英格兰犯罪史》中讲到，在施加挤压刑时，往往会在受刑人背部下面放一块尖木头，以加速他的死亡。但是这种做法并不总会得到许可。1658 年 2 月，英国内战中的一位杰出军官乔治·斯特兰奇韦对谋杀指控拒绝认罪：

> 他被禁止使用那种通常的恩惠，即把一块尖木头放置身下以加速死亡。行刑助手开始压了一些重物，但是发现重量太轻了，不足以致其速死，不少旁边的人就站了上去，以解脱他的受刑之苦。最多 8 或 10 分钟，他的灵魂就摆脱了束缚，离开了他受刑的躯体……

一个可怕的案件发生在 1735 年。一个被指控谋杀的人似乎是天生聋哑人，他无法作出供述，因而就被压死。法官坚信被指控人只是装聋作哑，就像 1740 年在爱尔兰的一起案件中所发现的那样。

马修·瑞安被指控在公路上抢劫。在《珀西轶事》第八卷中，有对这一事件的生动描述：

> 审理此案的法官盼着犯人能认罪，但是无论他说什么，犯人都装作听不见，按照法律要对他适用挤压刑；但是法官颇有同情心，并未立即批准用刑，寄希望于犯人会对自己的处境有一个更为正确的认识。但是当再次开审的时候，犯人仍坚持拒绝认罪。法庭最终宣布了那种可怕的刑罚——重压至死。两天后，判决在基尔肯尼的公共集市上执行。当重物压在这个可怜人身上时，他急不可耐地乞求被绞死；但是治安官没有权力改变判决中所确定的刑罚方式。

根据枢密院的命令使用酷刑

使用其他酷刑工具，特别是拉肢架，这在普通法上是不允许的，其他任何法令也都不允许，所以需要从王室获得一个特别许可。一般而言，这种许可由枢密院作出，后来是由臭名昭著的星室法庭行使许可。例如，1310 年发布的一道王室授权令授权对被逮捕的圣殿骑士使用酷刑（见第 3 章）。此外，根据 1351 年的《叛国法案》，对任何涉嫌密谋反叛国王的人，王室几乎都必然许可对其使用酷刑。1468 年在玫瑰战争时期，根据唯一一个证人在拉肢架上所交代的证言，伦敦市市长托马斯·科克爵士就被认定为犯有叛国罪。一般认为，拉肢架是大约 1420 年由伦敦塔的总管埃克塞特公爵引进到英国来的。它的受害人被称为是"娶了埃克塞特公爵的女儿"。

星室法庭是根据威斯敏斯特宫一个屋顶有星形装饰的大厅而命名的。这里最初是枢密院开会的地方，用以听讼和处理普通法院管辖范围以外的事务。但是，在亨利八世 1509 年登基后不久，他的国务大臣托马斯·沃尔西（后来成了红衣主教）开始使用星室法庭作为他自己的司法工具。他的秘书和继任者托马斯·克伦威尔进一步强化了法庭的权力，使其更加宽泛。星室法庭由两名高级法官和枢密院成员组成，在伊丽莎白一世统治时期最为活跃。其作出的判决越来越随意，是使用酷刑的首要怂恿者，一直到了 1640 年查理一世统治时期，抗议的狂潮才导致星室法庭被废除。

当时的很多文件都证明了枢密院是允许使用酷刑的，特别是拉肢架的使用。例如：

1555 年 6 月 9 日，根据伊丽莎白一世女王给枢密院的指令，给诺斯勋爵和其他人去信，同意对不肯认罪的顽固分子使用酷刑，并授权他们自由裁量；伦敦塔的官员也去了信，授予同样的权力。

1566 年 12 月 28 日，枢密院给首席检察官和其他人写信称：委派他们对克莱门特·费希尔——现在是伦敦塔的犯人——使用酷刑，包括拉肢架在内。

　　伊丽莎白既害怕西班牙人密谋暗杀她，又对可能主张继承王位——无论这种可能有多渺茫——的任何人充满怀疑，还急于建立英国国教会以摆脱来自罗马的制约。因此，她很容易就相信有人密谋造反。偷渡到英国的牧师被作为西班牙间谍而遭到逮捕、指控并送上了拉肢架。爱德华·皮查姆是萨默塞特郡欣顿圣乔治的教区长。他的布道被认为具有叛国性质，因而被押到了伦敦塔。根据伦敦塔官员的报告，"他在受刑前、受刑时、多次受刑之间以及受刑后，一直都被绑在拉肢架上"。甚至普通的抢劫犯"也被带到拉肢架前，感受拉肢架的精妙。只要审讯人根据他们的自由裁量权认为这样做有利于获得事实真相"。

　　1571 年，女王向托马斯·史密斯爵士和威尔逊博士签署了一项授权令，授权把诺福克公爵的两位仆人班尼斯特和巴克"送上拉肢架，让他们尝尝滋味"。公爵因为涉嫌与被囚禁的（有继承英格兰王位之合法权利的）苏格兰女王玛丽·斯图亚特密谋而遭到审判。托马斯·史密斯爵士报告说：

　　　　我想我们这次已经得到了足够的信息；但是明天我们还想把他们都送上拉肢架，不是为了得到什么有价值的供述，而是因为我们都热切地渴盼这样做。

　　随后他宣布"把班尼斯特送上拉肢架。巴克已经被吓倒

拉肢架上的受刑人。

了，我们想我们已经达到目的"。

当时官方的拉肢架行刑人是托马斯·诺顿，他吹嘘说他曾把耶稣会会士亚历山大·布赖恩特"一只健康的脚拉得比任何神能够做到的还要长"。1582 年 3 月 27 日，他给国务大臣托马斯·沃尔辛厄姆爵士写信说：

> 每个要上拉肢架的人，都在一开始就被枢密院掌握了一些明显的叛国证据。所以，我们预先就非常确信：没有无辜之人会受刑。同样地，行刑并不是为了确认他有罪还是无罪，而是为了逼问实施叛国行为的手段以及同伙，以确保女王的安全。

实际上，枢密院使用酷刑的理由和手段都和宗教裁判所一样。女王的首席大臣和财务大臣伯利勋爵 1583 年所说的话很明显地与宗教裁判所法学家们的著作如出一辙：

> 伦敦塔狱吏，作为女王的仆人，他们的职责之一就是操控拉肢架。那些参加审讯的人特别要求他们以一种仁慈的方式使用它。

但是被送上拉肢架的人很难觉得他们的行刑人是仁慈的。一位天主教徒弗朗西斯·斯罗克莫顿于 1583 年卷入了一场入侵英格兰、解救玛丽·斯图亚特的密谋。历史学家 J. A. 弗劳德在他的《英格兰史》中设想了在伦敦塔中发生的一幕：

> 他在阴暗的牢房中接受审讯，周围环立的耶稣

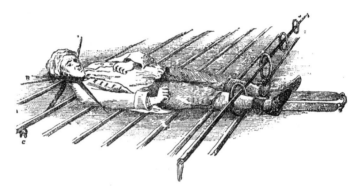

伊利的剑桥郡监狱所使用的一种酷刑方式。犯人横在一排排的铁条上，并被锁在那里。戴着一个约 3 公斤重的铁项圈，上面安装着 30 厘米长的钉子，以防止他转动头部。一根沉重的铁条横着绑在腿上，以防止他挪动。

会会士发出阵阵尖叫，可怕的刑具摆在近旁，默不作声的行刑人准备着把他的肢体拉出骨白。他脑子里充满恐惧，完全丧失了意志。他说话磕磕巴巴，供述变来变去，前后不一。行刑人承诺，如果他自愿认罪，就会得到宽大处理。他虽仍然坚持不认罪，但已经明显让人感觉到他隐瞒了很多事情，并且当时也不允许对危害王国安全的叛国者给予人道待遇。

女王授权枢密院可以使用酷刑逼取口供。女王认为，只要是好的政策所允许，并且是为了维护她的人民和王位的安全所必需的，就可以授权她的枢密院使用酷刑了解真相。他又一次被告知坦白可以从宽，但是他依然拒绝了。他被交到了"伦敦塔中操控拉肢架的行刑人"手中。他的尊严与他的痛苦相抗争。在第一次上拉肢架时他什么也没说；但是第二次时他就受不了了……在这种悲惨境遇中，恐怖的刑具伴其左右，十一月的寒光微弱地射入地道的窗户，他打破了他的誓言，意志也随之崩溃了。

斯罗克莫顿的罪责得到了他亲口确认后，1584 年 7 月 10 日，他被装入囚笼押到泰伯恩刑场，在那里被绞死并分尸。

苏格兰在酷刑的使用上甚至比英格兰还要普遍，尤其在 17 世纪对巫师的审判中更是如此（见第 7 章）。因此，当盖伊·福克斯和他的同伙因为密谋烧掉国会而失败被捕后，新国王苏格兰的詹姆斯六世（也就是后来英格兰的詹姆斯一世）毫不犹豫地坚持使用酷刑。在 1605 年 11 月 6 日亲笔签名的一封信中，他明确指出，对福克斯"这样一个亡命徒"，"先使用较为温和的酷刑，然后逐步升到最严酷的酷刑"。

"较为温和的酷刑"无疑就是那些镣铐，这在伊丽莎白统治时期被广泛使用。受刑人站在凳子上，双手被铐在墙上吊起来，胳膊上戴着铁制长手套，必要时可以收紧；然后把凳子移开，受刑人就这样被悬吊着长达数个小时。暴虐的理查德·托普克利夫对耶稣会神父埃德蒙·坎皮恩这样用刑达十多次，还说："他像是在耍花招。"当坎皮恩于 1581 年在威斯敏斯特宫受审时，他甚至无法抬起他的手来陈述，需要他的两位神父同伴帮助他举起来。

盖伊·福克斯是否经受过镣铐和拉肢架，在历史上是有争议的。根据约翰·杰勒德——一位从托普克利夫的魔爪下逃命，最终逃到了欧洲大陆的耶稣会牧师——所说："一般都认为，在最初的几天里，他在拉肢架上受了重刑。"但是王室成员之一爱德华·霍比爵士则说只是使用了镣铐。可以确定的是，从 11 月 8 日起福克斯开始招供，供述了其密谋的细节和同伙。从伦敦逃走的所有同伙都被围捕，其中四个因为抗拒逮捕而被杀。福克斯被审讯了三天，每晚都签一份认罪书。他的签名越来越潦草，这反映了他的身体状况，是他遭受酷刑的无声证据。

在承受了拉肢架上的酷刑之后，那些被认定犯有叛国罪的人被公开砍头。然后行刑人会举着砍下来的头大喊：“瞧这颗叛徒的头！所有叛徒都得这样死！”

被逮捕的不仅包括同案犯，而且还包括关照他们的神父们。国王的首席大臣索尔兹伯里勋爵说："应该把他们单独监禁在黑牢中，点着火把审讯，缓慢地、间歇地用刑，以保证最佳效果"；三周后，同案犯仍拒绝构陷神父，"他们仍旧如此，不论受到怎样的酷刑"。

1606 年 1 月 27 日，对 8 名存活下来的同案犯的审判在威斯敏斯特宫进行。结果并不意外，三天后他们被绞死并分尸。但是还有很多同案犯，2 月 19 日枢密院下令对他们也使用酷刑。

这些"地位低下"的同案犯中最重要的一位是尼古拉斯·欧文，也被称为"小约翰"。他是一个木匠，在天主教堂里造了很多供牧师藏身的"牧师洞"。他个头矮小，瘸了一条腿，还有疝气。根据法律和道义，他这种情况应当免于受刑。但是他掌握着关于牧师们藏身之地的重要信息。他被戴上镣铐，受到了重型，以致需要把一块铁板绑在他的肚子上才能保证肠子不流出来。尽管他承认知道有同案犯——这已经无关紧要了，因为他们都已经死了——但是他坚定不渝地拒绝说出任何关于牧师洞的细节。最后，他于 3 月 2 日清晨在极大的痛苦中死去。王室对外宣称欧文是用供他吃东西用的小刀划开肚子自杀的，但是看守他的狱卒告诉随后受刑的一个人说，欧文的手早已残了，根本不能自己吃东西。

1605 年 11 月 5 日密谋刺杀国王詹姆斯的盖伊·福克斯被酷刑折磨了三天后招供。历史上对他是否上过拉肢架存有争议，但是他肯定是戴了镣铐。他笔迹的变化（上图）就是他的双手状况恶化的证据。

终极酷刑

在英格兰和苏格兰适用了几百年的终极酷刑是在火刑柱上慢慢烧死。这种刑罚不仅适用于异端分子或者巫师，而且也适用于谋杀亲夫的罪行。有时会允许一定程度的仁慈：焚烧之前先把受刑人勒死。1722 年在林肯郡，埃莉诺·埃尔瑟姆被认定杀害了自己的丈夫，被判处火刑。受刑人在她的衣服和肢体上涂满沥青，把她装进囚笼押到行刑地。她被铁链锁在火刑柱上，脚下是一桶沥青，四周堆满柴堆。一根绳索一头套住她的脖子，另一头穿过火刑柱顶端的滑轮，握在行刑人的手中。火被点燃，绳子被拉紧；火在一个半小时之后将埃莉诺烧成灰烬。但是没人知道埃莉诺是被烧死的还是被勒死的。

有时，绳索明显没有起到作用。约瑟夫·斯特拉特在他的《英格兰居民的风俗习惯》一书中，写到了 1726 年在泰伯恩刑场对凯瑟琳·海斯行刑的场景：

> 我相信，直到现在，法律的字面含义是谋杀丈夫的妇女应被判处活活烧死。在凯瑟琳·海斯的案子中（几年前她谋杀亲夫，被判决在火刑柱上处死），行刑人最初是想勒死她，但是当他们拉动那根套在她脖子上的绳子时，堆在四周的木头被点燃

凯瑟琳·海斯因为谋杀亲夫，被判在火刑柱上烧死。行刑人本想在火烧起来之前勒死她，但是火焰和浓烟迫使他们松了手。

了，罪犯有时在被勒死之前就被火烧到了——这样的事情正好发生在了凯瑟琳·海斯的身上。因为火烧着了堆在四周的木头，风把火焰和浓烟吹到了正在拉绳子的行刑人的脸上，他不得不在勒死她之前离开；因此，一些当时在现场的人告诉我，她在死之前吃尽了苦头。但是现在，会首先将受刑人在火刑柱上吊死，再点火把尸体烧成灰烬。

死于火刑的最后一个女性是克里斯琴·墨菲，她被认定犯有制造假币罪，于 1789 年被烧死。一年之后，法律作了修改，犯死罪的女性都判处绞刑。

其他受刑人则被允许在他们的脖子和腰间挂上小包的火药，但是即便如此也不是总能奏效。亨利·穆尔所著的《新教徒殉教全史》中对格洛斯特郡主教约翰·胡珀之死作了一个非常详尽的描述。他在天主教徒玛丽一世统治时的 1555年，因为犯异端之罪而被烧死：

> 他穿着上衣，两腿之间挂着一磅装在皮囊里的火药，每只胳膊下面也有同样重量的火药。他走上火刑柱。行刑人带了三个铁箍……一个铁箍把他的腰围起来，但是因为铁箍太短了，他收了一下肚子，然后自己用手把铁箍戴在肚子上；当行刑人要用另外两个铁箍绑他的脖子和腿时，他拒绝了，说：

"我绝对保证不会给你们添麻烦"……然后芦苇秆被扔了上来，他手里拿了两捆，每个胳膊下面还夹了一捆。

这时点火的命令下达了。但是，因为有些柴禾还是绿的，费了一些时间来点燃。当时是逆风，而且早晨很冷，火焰被从他身边吹过，所以他几乎没被火烧到。很快，另一堆更易燃的柴禾被点燃了，同时那些皮囊里的火药爆炸了，但是它们对于痛苦的受刑人毫无帮助。他现在开始大声祈祷："主啊，对我发发慈悲吧！主啊，对我发发慈悲吧！主啊，接走我的灵魂吧！"这是人们听到他所说的最后的话。

当他的脸完全被火焰熏黑时，他的舌头肿胀起来，以至于再也说不了话，嘴唇一直缩到牙床；他用手捶打胸脯，直到一只胳膊掉了下来，然后继续用另一只捶打，油脂、水、血都顺着他的指端滴下。最终，在重新添上柴禾时，他的力量已经耗尽，手粘在了铁箍上面。很快，他的整个下半身就被烧焦了，他从铁箍中滑了出来，落入火中……这个神圣的殉道者被烧了超过三刻钟，经受了难以言表的痛苦……不能往前动，也不能往后动，也不能往两边动，他的下半身被烧光，在他咽气之前肠子都流了出来。

陆军和海军中的鞭刑

在 17 世纪后半叶，英国一度建立起一支常备军，在军人中保证纪律是必需的。1689 年的《叛变法案》规定，在军队执行处罚的标准方式是用"九尾鞭"实施鞭刑。

九尾鞭由九根分开的鞭绳组成，每根绳上的不同位置打着三个结。受刑人被绑在一块三角木板上接受鞭打，行刑人一般是军队的鼓手。每抽一鞭子，细细的鞭绳就割破受刑人的皮肤，上面的绳结扯下小块的肉来。那种感觉据说"就像老鹰爪子把肉从骨头上撕下"。

在整个 18 世纪，很轻微的犯罪都可能被判处鞭刑：直布罗陀的一位士兵因为在阅兵时不够整洁，就被判处鞭刑。因为被打得很重，数日之后他就死掉了。军事法庭有权判处多达 1000 鞭的鞭刑，判处 500—800 鞭是常事。这种刑罚方式一直持续到 19 世纪，正如《泰特爱丁堡杂志》（1833）所描述的：

> 近卫步兵第一团——团长是威灵顿公爵——的一位士兵被认定抗命不遵、当职时喝酒、拒绝按照长官命令交出武器，因而被判处 500 鞭。在打了 200 鞭之后，因为这个士兵的生命垂危，军医前来干预，没有继续执行这个残酷的刑罚。士兵被抬上

马车，拉到军队医院时，他的背部已经是血肉模糊。为了增加惩罚的严厉程度，从而既能最大限度地施加痛苦，又不夺去犯人的生命，这种鞭刑做了进一步的改进，每打 20 鞭子就换人行刑。

在一些军队里，九尾鞭每一次抽打的间隔时间由鼓点决定，鼓点的节奏会事前告知鼓手。间隔时间越长，受刑人遭受的痛苦越大。很多士兵不像上文所说的那位那么幸运。例如，如果被判定不能一次挨下所有的 500 鞭，他可能要被送回牢房，直到伤口差不多愈合后，再带回来接受剩下的鞭刑。当被判处 800—1000 鞭子时，整个刑罚往往要分三四次才能全部完成。

1832 年受鞭刑的一位士兵说道：

> 我的两肩之间有一种无比震颤的感觉，一股刺激延伸到脚趾甲，另一股刺激延伸到手指甲，痛感直达心扉，就像一把刀刺入我的身体……第二次他抽得低了几英寸，然后我就觉得之前那一鞭子比较起来还是令人愉快的、可以接受的……我感觉从头皮到脚趾甲的每一根神经都在震颤。上一鞭子和下一鞭子之间间隔的时间既感觉如此之长，又感觉如此之短。我想我肺部的疼痛比背部更加剧烈，好像身体要炸裂开来……

　　我把舌头咬在牙齿中间，几乎咬成两截。从我的舌头、嘴唇（我也咬了嘴唇）流下的血，从我的肺里或者因痛苦扭动而导致破裂的其他内脏流出的血，几乎把我噎住……我只受了五十鞭，却像过了很久很久；我感觉整个生命都生活在痛苦和酷刑之中，曾经的快乐时光就像一个很遥远的梦。

　　英国皇家海军直到 17 世纪才建立起来，但是在海外的皇家战舰或者武装民船上，鞭刑却是由来已久。海军的鞭子由长约 1.5 米的绳子制成，像人的手腕一样粗；末梢的 0.5 米处分成小股，每股都缠得紧紧的，还打了一些结。犯人被绑到固定在舱口的格栅上。一位 19 世纪的作家如是写道：

　　在陆军中，执行鞭刑的鼓手站在一个地方，把鞭子甩出去而不挪动位置，仅用胳膊发力进行鞭打；但是在海军中，执行鞭刑的副水手长站在离犯人两步远的位置；每一鞭子下去之后，他都要用手指梳理梳理鞭尾，将它们一股一股分开；然后高高挥过头顶，向前一步，扭转身体把全身力气都用到抽鞭子的胳膊上。因此这是一种残酷的惩罚；我不相信有谁能承受得了这种鞭刑。这是一种肮脏的酷刑——像曾经的拉肢架一样残忍；对于那些应受到此种惩罚的人而言，绞刑可能都显得更加仁慈。

一位英国士兵因为轻微犯罪而遭受鞭刑。九尾鞭抽打的间隔时间由鼓手的鼓点决定。鼓点越慢，鞭打带来的痛苦越剧烈。

18 世纪在皇家海军中的鞭刑。

英国殖民地的酷刑

当第一批英国殖民地于 17 世纪早期在美洲建立时，它们最初遵从普通法和成文法的一般规定；但是，枢密院和星室法庭在大西洋彼岸，也没有证据表明这里曾经使用过拉肢架或者类似的行刑工具。在新英格兰也没有巫师被烧死，但是谋杀主人的奴隶——作为一种不忠的行为——会被活活烧死。

对自由民使用的酷刑，最臭名昭著的一次是 1692 年在美国塞勒姆进行的巫术审判。虽然根据 1641 年的《自由典则》，挤压刑已经在马萨诸塞州被废除——"因为我们不允许不人道的、野蛮的或者残酷的身体惩罚"，但拒绝认罪的 80 岁的贾尔斯·科里还是受到了酷刑。他被折磨了两天后死了，"在挤压时，他的舌头被挤出了嘴巴，法官用手杖又把它塞了回去"。

通过残酷用刑，最终获得了关于行巫的口供：

> 有五个人承认他们是巫师，并指控一些人是他们的同伙……其中有两个是玛莎·卡里尔的儿子。这是两个年轻人，他们一开始什么也不承认，直到把他们反身捆住并挤压，血就要从他们的鼻子中流出来时，他们才认罪。可以确定地说：这是逼迫他们承认从未做过的事……

——罗伯特·卡莱夫，《无形世界的奇观》

除了贾尔斯·科里以外，被指控的人中有 19 人——包括雷夫·乔治·伯勒斯——都被绞死，还有另外两个死在牢房。

一方面，在这一时期，殖民地政府在司法过程中使用酷刑是很少的。另一方面，私人使用酷刑进行惩戒却是允许的。非洲奴隶（以及从英格兰被运来作为奴隶的犯人）即使只是有轻微的不法行为，也经常会被鞭打，一直到 19 世纪都是这样。女性也会像男性一样经常受刑。1829 年在牙买加，雷夫·G. W. 布里奇斯被控虐待一个年轻女孩：他剥光她的衣服，把她吊在天花板的钩子上，用鞭子抽她，直到她血肉模糊。他在受审后被宣告无罪。1830 年也是在牙买加，一个名叫埃莉诺·米德的仆人受到鞭打。根据《反奴役月报》所说：

> 她的女主人厄恩肖夫人……是一个仁慈的、温柔的女士，她因为这个奴隶所说或者所做的一些事而大发脾气……命令她脱光衣服，趴到地上，当着她的面让男车夫用马车鞭子抽打她的赤裸身体 58 鞭……当厄恩肖夫人认为她的臀部的一侧已经被打烂了之后，她告诉马车夫到另一边，抽打另一侧臀部。

但是这没法跟一个名叫哈金斯的种植园主的所作所为相

英国殖民地奴隶的遭遇。很多奴隶被用烙铁打上烙印，以表明他们的归属。
暴虐的鞭打也是家常便饭。

提并论。他在尼维斯市场上，用马车鞭子把他的 21 个男女奴隶抽了多达 3000 鞭。其中一个女奴隶被打了 291 鞭，一个男奴隶总共被打了 365 鞭。

牙买加马车鞭的确是一个可怕的刑具。这种鞭子有 3.5 米—4.5 米长，半米长的柄，一头超过 5 厘米宽，另一头像线一样细。1826 年在牙买加议会上的一次演讲中，一位议员称："我敢说，用这种可怕的工具抽 39 鞭，造成的痛苦比用九尾鞭抽 500 鞭子还大。"

但是，使用这种马车鞭是合法的。也是在 1826 年，牙买加立法机构通过的一项法令规定：奴隶监工在任何时候（因为任何一个犯罪）鞭打奴隶超过 10 鞭子，或者奴隶的主人、工头、监狱长鞭打超过 39 鞭子，才会构成犯罪。

用马车鞭抽打 39 鞭子之后，再用酸豆树枝狠狠抽打——据说这能把"瘀血打出来"——也很常见。这种树枝是酸豆树细细的藤条，非常灵便，同时又像电线一样结实。另外，由乌木植物的带刺枝条做的鞭子也经常被用来行刑。

在牢房中，奴隶们被"拉成弓形"（这是一个海军术语，意即用滑轮组进行拉伸），以接受鞭刑。1803 年的《牙买加基督教实录》中描述了这种可怕酷刑的细节：

> 一个女人……大约 22 岁，脸朝下趴着；她的手腕被用绳子绑住，套入一个绳套中；脚踝也绑在一起，套入另一个绳套中。连接后一个绳套的绳子穿

正如在希腊和罗马时期，英国殖民地的奴隶没有任何地位和权利，直到 19 世纪都是如此。他们经常要被主人鞭打，但这并不总是为了惩罚。很多种植园主是为了通过观看他们的奴隶被打从中获得一种施暴的快感，甚至会亲自动手。

过木板，拴在一根柱子上。绳子一收紧，年轻女人就被最大限度地拉伸。

然后，一个女人走上前来，把她的衣服捋到头部，使她不得体地裸露着。一个高个子的健壮男人在头顶把鞭子挥舞了四五圈，然后就开始抽打。这是一个九尾鞭，上面打着结。血从鞭子抽裂的伤口中涌出，可怜的受刑人痛苦地尖叫……

美国的奴隶处境也好不到哪去。《汤姆叔叔的小屋》的作者斯托夫人曾引用过一段关于新奥尔良监狱中的刑罚的描述：

进入一个地面铺砌过的大庭院，四周走廊挤满了不同年龄、性别和肤色的奴隶。我听到鞭子抽打的声音，每一次抽打听起来都像是开枪的尖锐爆裂声。我转过脸来，看到的一幕绝对让我冷到了骨髓里，并且在我人生中第一次感觉到自己的头发根根直竖了起来。

一个黑人女孩脸朝下平趴在一块木板上，两个拇指绑在一起，系在板子的一端，两脚也被直直地拉到板子的另一端绑着，一根绳子绕着板子把她的背部绑住，把她压得跟板子贴在一起。绳子下面的她完全赤裸着身体。

离她两米开外，站着一个高大的男黑人，拿着一根长鞭子，抽得又狠又准。每一鞭子都撕下一块皮肤，皮肤或者沾在鞭子上，或者颤动着落到地面上，血随之流出。可怜的受刑人痛苦地扭动、尖叫，用一种对死亡和可怕的痛苦充满恐惧的声音，向她的主人拼命喊叫："哦，饶命！不要带走我的灵魂！"但是可怕的鞭子仍然抽在她身上；一块接一块的皮肤被撕下，一道接一道的伤口在她的肉上撕开，直到她成为一团青黢黢的、血肉模糊的颤抖的生肉。

西印度群岛土著居民的遭遇与之类似——如果不是更惨的话。不论最初在西班牙殖民者手上，还是后来在英国殖民者手上，都是如此。布赖恩·爱德华兹在《西印度群岛的英国殖民地史》中引用了一位目击证人的描述：

我曾看到四五个印第安人头领在慢火中被活活炙烤。这些凄惨的受刑人发出可怕的尖叫声，打扰了指挥官的午后清梦。他发话说这些人应当被绞死，但是站岗的军官……并不以此为恼，而是把这些人的嘴巴堵住，这样他们就不能再喊叫了。他亲自把火再烧旺，从容不迫地接着炙烤，直到他们断气……

那是一个充满暴力的时代，早期美洲殖民者实施的这些残暴行为，在欧洲的法律上或者良知上都是不被允许的。当亨利·摩根爵士和他的海盗们于1671年占领了西班牙在巴拿马所占据的城镇之后，他们抓捕了大量的犯人，正如约翰·埃斯奎默林在《美洲的皇家海盗》中所写：

> 在一位上流社会的绅士的房间里，海盗们发现了一个贫穷、可怜的倒霉蛋，他穿着……主人的马裤，一个小银钥匙挂在上面。海盗们马上质问他这把钥匙是开哪个柜橱的。他的回答是：他不知道钥匙是从哪来的，只知道这马裤在他主人的房间里，他壮着胆子穿了。因为不能从他嘴里得到任何其他的供述，他们把他送上了拉肢架，在拉肢架上惨无人道地把他的胳膊搞脱臼了。然后他们用绳子勒紧他的前额，紧到他的眼睛鼓得像鸡蛋那么大，几乎就要从眼眶中掉出来。但是这些酷刑都没能让他们得到任何想要的答案。于是他们把他倒吊起来，用鞭子反复抽打。此后又切下他的鼻子和耳朵，用点着的稻草烧他的脸，直到他的哀号声渐渐消失。然后，当失去了从他嘴里获得任何供述的希望之后，他们命令一个黑人用长矛把他刺穿，结束了他的生命，也结束了他们惨无人道的酷刑。

　　毫无疑问，在占领美洲大陆这个新世界的战斗中，很多其他同样残酷的行为也在上演。但是启蒙时代已经来临，在英国以及欧洲其他地方，有一些运动正计划着终结酷刑。

亨利·摩根的海盗队伍于 1671 年入侵巴拿马时，对犯人大肆折磨。

第七章

欧洲猎巫运动

在 20 世纪，有一种影响广泛的观点认为：巫术来源对母神的崇拜，作为一种原始宗教传统，已经延续几千年了。但并没有什么证据支持这一观点，也没有什么理由假设在中世纪欧洲的很多地方所采用的巫术只不过是一些原始迷信加上肤浅的草药学问。这些能用魔法去除疣子、能让不孕的妇女怀孕或者减轻分娩痛苦的"智慧的女人"是农村中备受珍视的成员——尽管她的"超自然力量"也让人畏惧。

但是，在大约第一个千禧年的时候，有一些更加险恶的发展。在 11 世纪，各种宗教活动突然越来越多。尽管很多学者否认，但是这一观点还是很有吸引力（至少有些合理性）：一千年过去了，但是并没有预期的世界末日、重生、复活和最后的审判。也许上帝认为他的子民们不够虔诚，所以不再管他们了。

这个时代的罗马天主教会试图通过各种手段强化信仰，

包括成立主要的修道院，建造宏伟的大教堂，鼓励朝圣之旅，讨伐不信教的人。然而在乡下，因为远离城市的教堂和修道院，一些人转而反对教会。对他们而言，一方面，基督教信仰只不过是祖传下来的而已；他们好奇是不是上帝的敌人——魔鬼——更能保护他们。另一方面，他们也许只能重回到那些已流传几百年的原始的异教徒仪式。

人们无法准确地知道一千年前发生了什么。仅有的早期记载也都来源教会人员，他们自然感受到了那些质疑固有信仰的举动所带来的威胁，并且毫无疑问会过分夸大和大肆渲染这些威胁。据他们说，女巫们在节日和巫魔会上聚集，能在空中飞行，还能变成动物或者其他生物。几个世纪以来，神学家们都认为，这些能力只是错觉或者幻想，女巫们可能是在草药水的影响下，梦到或者想象着拥有这些能力。

然而，如果女巫们自己相信有这样的能力，那么她们就如同真的有这些能力一样会被认定犯有异端之罪，应当被逮捕。在一份出版于 10 世纪（并在 12 世纪成为教会法的一部分）的被称为《教会圣典》的文献中，第一次提出了这种声明。这份文献的开头是这样写的：

> 主教和他们的官员必须致力于从教区完全铲除邪恶的巫术，以及魔鬼所带来的罪行。如果他们发现追随这种邪恶的男女，要毫不客气地将其清理出教区……

　　除了逐出教会（这是异端分子的必然后果）以外，这里没有提到任何形式的惩罚。这些异端可能是魔鬼的发明，但是没有证据表明他们崇拜魔鬼。直到 13 世纪，主教们才开始认真对待巫术。1484 年，英诺森八世发布圣谕，这才开启了16 世纪和 17 世纪大规模的猎巫运动。该圣谕被称为"最高的希望"，其内容是：

> 　　最近我们注意到……在德意志北部一些地区……很多人……把自己交给了魔鬼、梦淫妖、女淫妖，通过咒语、符咒、魔法以及其他可憎的迷信和巫术……使妇女不孕、牲畜不孳，使作物不生、果树不实……更有甚者，这些用内在和外在的痛苦和疾病，折磨男人和女人、牲口、牧群以及其他兽群。他们阻止男人繁衍后代，阻止女人生育……此外，他们还胆敢背叛受洗获得的信仰。在人类之敌的煽动下，他们甚至不怕犯下最邪恶的、出卖灵魂的犯罪和恶行，他们冒犯了上帝，是更多丑恶和危险行径的诱因……
>
> 　　本教廷的责任是扫除一切阻碍宗教裁判官行使职权的障碍，并提供有效救济，以防止无辜信众遭异端邪说及其他恶行的毒害……命令上述宗教裁判官有权对任何有上述恶行和罪责的人进行矫正、监禁和惩罚……

"上述宗教裁判官"实际上就是起草上述圣谕的人——多明我会的两位神学教授——海因里希·克雷默和雅各布·斯普伦格。他们利用最新发明的印刷术,把这道圣谕的内容印到他们 1486 年出版的猎巫手册《巫师之锤》中。罗塞尔·霍普·罗宾斯在他的《巫术与魔鬼学百科全书》中这样写道:

> ……毫无疑问这是迄今为止关于魔鬼研究最重要的和最险恶的著作。它明确了对民间黑魔法和异端学说的严苛的规制。任意触犯其中一种,就会打开宗教裁判狂热的闸门。它力图使圣经戒律(《出埃及记》22:18——"行邪术的女人,不可容她存活")切实有效。

到 1520 年,这本书再版了至少 13 次,在 1574 年到 1669 年间又重印了 16 次。它旨在向世俗权威提供详细的指南,从而使他们能够从宗教法庭接管对巫师的审讯,进而对被指控人量刑和行刑。它分为三个部分,第一部分论证猎巫的必要性,使裁判官能够彻底地掌握巫术异端的弥天大罪;第二部分描述巫师的所作所为,以及如何侦查巫师、如何反击巫师。第三部分具有可怕的影响力。这部分可能是由克雷默所撰写,他这方面有相当多的实践经验。这部分写了针对巫师采取法律行动和确保他们被定罪的法则,还规定了对证人的审讯,

MALLEVS MALEFICARVM,

MALEFICAS ET EARVM

hæresim frameâ conterens,

EX VARIIS AVCTORIBVS COMPILATVS,

& in quatuor Tomos iustè distributus;

QVORVM DVO PRIORES VANAS DÆMONVM versutias, præstigiosas eorum delusiones, superstitiosas Strigimagarum cæremonias, horrendos etiam cum illis congressus; exactam denique tam pestifera secta disquisitionem, & punitionem complectuntur. Tertius praxim Exorcistarum ad Dæmonum, & Strigimagarum maleficia de Christi fidelibus pellenda; Quartus verò Artem Doctrinalem, Benedictionalem, & Exorcismalem continent.

TOMVS PRIMVS.

Indices Auctorum, capitum, rerúmque non desunt.

Editio nouissima, infinitis penè mendis expurgata; cuique accessit Fuga Dæmonum & Complementum artis exorcisticæ.

Vir siue mulier, in quibus Pythonicus, vel diuinationis fuerit spiritus, morte moriatur Leuitici cap. 10.

LVGDVNI,

Sumptibus CLAVDII BOVRGEAT, sub signo Mercurij Galli.

M. DC. LXIX.

CVM PRIVILEGIO REGIS.

《巫师之锤》——一本猎巫手册，1486 年初版，此后两百年间多次重印。

以及对被指控人的逮捕、监禁、讯问和用刑。

用刑是必要的，因为一般认为，如果女巫没有自愿认罪的话，就不能对其宣告有罪。并且，单纯的自愿忏悔也是不够的，只有通过疼痛和折磨而得来的认罪才被视为是真正出自本心的认罪。正如一位作家所写的：很多被判有罪的女巫都是教堂的常客，如果她们没有被用过刑就承认所有邪恶行为的话，没有人会怀疑她们是女巫。

很少有教会人员意识到，这种论调的逻辑根本就是错误的：要一直使用酷刑，直到获得认罪口供。一个可怜的女人在马上要被行刑时告诉她的牧师说，她的认罪以及她对同伙的告发都是子虚乌有。牧师恳求她翻供并且——即便她不能救自己——救回无辜者的性命。但是她回答说：

> 看，神父，看我的腿：它们就像火一样——马上要燃烧——如此剧烈的疼痛。上面落上一只苍蝇都让我难以忍受，更别说让我再遭受一次酷刑。我宁愿死一百次，也不愿再受这样可怕的痛苦。我无法向任何人描述这种疼痛实际上是多么恐怖。

酷刑被分成几个等级，造成的痛苦逐级递增。在《巫师之锤》中，克雷默对第一等级"预备审讯"作了详细的介绍：

> 首先，狱卒准备好刑具，然后他们剥光犯人

（如果是女犯，她会预先被其他老实的、有好名声的女人剥光）。剥光衣服是为了防止一些被缝进衣服里面的巫术——就像被魔鬼所教导的那样，这些巫术经常被施给未受洗礼的婴儿的身体，使他们无法得到救赎。

当刑具被准备好时，裁判官会亲自或者安排其他信仰坚定的好人劝说犯人自愿地承认事实；如果他拒不承认，裁判官就命令助手为犯人准备吊刑或者其他酷刑。助手即刻遵从，然而只是假装准备用刑。然后，在一些在场人的祈祷之下，犯人再次被松绑，带到一边，再次劝说其认罪，让他相信如果认罪就不会被处死……

但是，如果威胁和许诺都不能使巫师认罪，狱卒就必须开始以通常的手段对其用刑，并根据其罪责的轻重而使用严酷程度不同的刑罚。

但是根据法律规定，除非可能存在新的、未招供的罪行，否则不允许重复使用酷刑。所以在这第一阶段根本不会被认为使用过酷刑。很多法庭记录都包含这样的表述"犯人未经用刑就认罪"。在任何情况下，审讯人都会找到理由说：接下来使用酷刑并不是重复使用酷刑，而仅仅是审讯的继续，目的是使已经认罪的巫师揭发同案犯。例如，在1597年，德国盖尔恩豪森的一位69岁的寡妇克拉拉·盖斯勒经受住了拇指夹的酷刑，但是：

> ……当她的脚被压碎，身体被拉伸得更长时，她凄惨地尖叫着说，他们要求她说的都是真的：她夜间飞行时偷盗了小孩并喝下他们的血，她杀死了大约 60 个婴儿。她供出大约 20 个女人跟她一起参加巫魔会，并说是一位已故市长的妻子指挥了飞行活动和巫魔会。

当她从拉肢架上下来后，她就翻了供，说她招供的其实是其他人散布的谣言。然而，裁判官还是逮捕了她供出的那些人，并对她们用了刑。一个妇女甚至招供了比克拉拉所揭发的更重的罪行，所以克拉拉被再次用刑，以迫使她承认罪行。但是她一被放下来，就再次翻供，然后又被送上拉肢架。她遭受了最为严酷的刑罚，在极度痛苦中死去。审讯报告总结说："魔鬼不让她揭发更多的事情，所以扭断了她的脖子。"

"预备审讯"之后是"限定审讯"和"特别审讯"。《巫师之锤》写道，在用刑时，公证员应当记下：

> ……在审讯中的所有事情：犯人是如何被用刑的，被讯问了哪些问题，他是如何回答的……如果犯人不能令人满意地招供，必须把其他酷刑刑具摆在他的面前，并对他说：除非他招供，否则就得承受这些。

巫师被指控定期参加由魔鬼亲自主持的巫魔会。她们被认为是从空中飞行过去，并在那里做各种堕落的事情。

在司法审讯中——不论是对巫术的审讯还是对其他指控的审讯——拒不回答问题，这本身就是一项犯罪，可以被判处死刑。在巫术审讯中，保持沉默不是被视为顽固或者个性强硬的表现，而是视为被魔鬼迷惑的结果。弗朗西斯科-玛利亚·瓜佐在他的《行巫纲要》中写道：

> 女巫往往能逃避拉肢架的酷刑折磨，因为她们用大笑、睡觉或者沉默就能克服所有的疼痛……一个 50 岁的女人被滚烫的热油泼满全身，四肢都被拉扯，但是她没有任何感觉。因为她在拉肢架上感觉不到疼痛，完好无损，没有受伤，除了在审讯时被扯下的拇趾没有复原，但是这根本没有妨碍或者伤害到她。在她经受了各种酷刑并顽固地拒绝认罪之后，她在牢房里割断了自己的喉咙。所以，魔鬼借另一个女人之口指控她的行巫罪行，并杀死了她。

与这种观念相伴随的，是"魔鬼标记"的观念。当法国埃皮纳勒的伊莎贝拉·帕迪 1588 年被押到治安官面前时，她给治安官看了她身体上的一个标记，她说这是魔鬼给她盖的。"治安官由此想要检验一下，女巫是不是像所传言的那样对疼痛没有感觉。所以他把一根针刺入并深深地压入她的身体，现场有很多见证人，结果并没有血从伤口流出，女巫连一丁点感觉疼痛的迹象都没有。"

《巫师之锤》还讨论了这样的问题：裁判官是否应当允诺给予犯人恩惠甚至豁免，以确保得到认罪供述；以及他是否要信守这个允诺。它提出了三条行为方式：允诺饶恕犯人的性命是可以的，不过不必告诉犯人作为替代的刑罚是终身监禁；或者"这个允诺可以信守一段时间，但是过了这段时间之后，犯人还是要被烧死"；还有一个办法是这个裁判官不再继续审讯，换另一个人来对犯人判处火刑。

对生病的人能否用刑？答案是首先让犯人康复。最快的康复方式就是把滚烫的水倒在他的腋窝。或者把他的脚放在火上烤，这样他身体的每一个毛孔都会大量出汗，从而带走疾病，然后就可以用刑逼供了。怀孕的妇女可以被豁免酷刑和死刑，但是这种豁免只能持续到孩子出生后一个月。

《巫师之锤》还提醒说要谨防犯人自杀。因为自杀本身就是一种犯罪，它明显是因为魔鬼的劝诱——甚至就是魔鬼亲自操办的，魔鬼承诺巫师不会死在火刑柱上，并且渴望能信守承诺。

正如英诺森八世的圣谕导言所阐明的，因为在德国北部坚持使用一直存在巫术，所以才导致了《巫师之锤》的出台。在德意志北部以及瑞士，早在15世纪就有大量针对巫术的审判，但是导致后来的猎巫行动流行起来的原因是越来越多的人相信"巫魔会"——巫师们聚集起来崇拜魔鬼的一种盛会。因此，裁判官坚持使用酷刑，不只是为了得到认罪供述，而且也是为了让他们揭发其他巫师。

德意志当时隶属于神圣罗马帝国，由多达 300 个自治或者半自治的城邦组成。从理论上讲，他们都应遵守皇帝查理五世在 1532 年制定的《卡罗来纳法典》，其更早的渊源是 1502 年在班贝格颁布的一个法令，大多数对德国巫术的审判都是据此开展的。这部法典把"用魔法算命"和巫术区分开来：它明确规定，一方面，不会仅仅因为有人指控就会被监禁或者被用刑；另一方面：

> 如果有人教他人巫术，或者诱导他人着魔，或者让受他欺骗的人施展魔法；或者和其他男女巫师交往，或者与这类有行巫嫌疑的事物、举动、言论和行为方式相勾连；甚至是被这些巫师诋毁：这些迹象都足以证明他行巫，并且足以据此对他用刑……

> 如果有人用巫术对他人施加伤害，就必须被处死，并且处死方式必须是火刑。

《卡罗来纳法典》的出版与新教在德国的兴起是同时期的。猎巫行动的流行至少可以部分归咎于害怕从内部受到攻击的罗马天主教会。但值得注意的是，新教在很多州被官方接纳之后，歇斯底里的猎巫行动仍在继续，甚至很多信仰新教的州都比那些仍信仰天主教的州更为疯狂地竭力铲除巫术。

在两百年的时间里，德国至少有 10 万人被当作巫师而被烧死。1589 年在萨克森州的奎德林堡，一天就烧死了 133 个巫师。1590 年，一位当时的编年史家谈到布伦瑞克的尔芬比特尔时写道："行刑地看起来像一片由大量火刑柱组成的小树林。" 40 年之后，卡迪纳尔·奥比奇走访科隆后写道："我们眼前是一片可怕的景象。在很多城镇和村庄的墙外，我们看到数不清的火刑柱，穷苦可怜的女人被当作女巫绑在上面烧死。" 17 世纪 50 年代在西里西亚的尼斯，行刑人建了一个烤炉，在九年多的时间里，他用烤炉烧死了超过 1000 人，其中包括两岁的小孩。

在从 1570 年反宗教改革运动到 1648 年三十年战争结束这段时间，很多地区不止一次地改变了官方宗教信仰。1573 年，阿尔萨斯的哈根瑙的法官是新教教徒，于是一位被指控行巫的女人免于酷刑，并被释放。四年之后，她再次被指控，这次她的法官是天主教徒。审判持续了一年，她被用刑七次，然后才认罪，并被烧死。另一方面，据说路德会教友本尼迪克特·卡普佐夫在 17 世纪的上半叶签署了对 20000 名巫师的死刑令。

猎巫运动很快蔓延到欧洲其他国家。法国早在 1245 年就有零星的案例。1275 年图卢兹的裁判官判决烧死安吉拉·德·拉·巴特，这被认为是第一起专门针对巫术的行刑。法国也可以将杰恩·德·布里格在 1390 年 10 月在巴黎的被捕

1555 年 10 月在德国哈茨山脉的德尔纳堡对三个女巫使用火刑。

视为第一起针对巫术进行的世俗审判。

因为她怀孕而休庭，导致这个审判拖延了将近一年，直到 1391 年 8 月才开始对她用刑。她被剥光绑在梯子上，很快就承认了她与麦凯特合谋毒死麦凯特的丈夫安·德·鲁利。麦凯特上了拉肢架后，承认了指控属实。经过两周的法律争论，巴黎高等法院认为这是一起刑事案件，判定这两个女人要像男巫一样被活活烧死。1391 年 8 月 19 日执行了判决。

但是，在 15 和 16 世纪，法国大多数清除巫师的工作都是由宗教裁判所执行的，直到 1580 年，世俗法官才开始参与大量的迫害行为。1581 年到 1591 年间，洛林的首席检察官尼古拉斯·里米自己就控诉了 900 个巫师，其中很多人都于 1589—1645 年间在诺曼底的鲁昂被烧死。在勃艮第，圣克洛德的大法官亨利·博盖下令处死了大约 600 人。在巴斯克地区，法官皮埃尔·德·兰开尔根据国王的命令，据说在 1609 年的四个月内也烧死了差不多 600 个巫师。

德·兰开尔声称，这一地区的三万名居民全都被基督教传教士从日本和东印度带来的魔鬼附身了。他对很多人用刑，并且严重依赖小孩子的证言。据他说，当最后一个巫师在火刑柱上被烧死时，能看到一大群癞蛤蟆从他的头上逃离。

1682 年，路易十四颁布法令，宣告了法国猎巫运动的真正终结，以此作为他对两个截然相反的司法案件的回应。1670 年，鲁昂有 525 个人被控行巫，其中 12 人已经被判处火刑，还有 34 人等待判决的确认——当时他们的家属正在向国王申诉。国王不顾来自诺曼底法院方面的强烈抗议，撤销了这些判决。

1678 年，占卜者凯瑟琳·德赛——人称"腊娲辛"——在巴黎的火刑法庭被指控投毒。警长雷尼下令对她用刑，先是坐"刑椅"，然后是穿"刑靴"——把楔子敲进铁靴子，挤碎她的腿骨。尽管承受了巨大的痛苦，"腊娲辛"还是否认了关于用毒的所有指控。首席检察官要求把她的舌头割掉、把手剁下，但是法官判决她接受火刑。1680 年 2 月 22 日，她"被绑到铁柱子上，一直咒骂着，全身被干草覆盖，她把干草抖掉了五六次，但是最后，火焰越来越烈，她消失在人们的视野中"。

司法调查揭示，实际上，"腊娲辛"的房子被用作"黑弥撒"，皇室圈子里的大量显贵人物，包括国王的情妇孟德斯潘夫人都参与了。雷尼审讯了两年多的时间，用刑并烧死了很多底层人员，但没有牵涉显贵人物。几年之后，路易十四下令把相关记录销毁。

因为这个事件太过尴尬，并且也为了终结猎巫运动，路易十四颁布了那道具有历史意义的法令。该法令把巫术定义为只不过是"迷信，误以为有的魔法，弄虚作假"——虽然仍是犯罪，但不再允许使用酷刑和火刑。绝大多数省法院都遵从皇室的法令，尽管直到最后一个巫师在波尔多被烧死已

在阿姆斯特丹烧死一个被认定行巫的女人。这次没有像通常那样把她绑在一根直立的火刑柱上，而是绑在一个梯子上，然后扔进一堆熊熊燃烧的烈火中。

经是 1718 年了。

英国的猎巫运动要晚于欧洲，并且没有持续那么久。16 世纪之前，对于巫术的刑罚都是相对较轻的——有时只不过是戴一两个小时的颈手枷，并要求承诺不再行巫。1542 年，在亨利八世统治的尾声，通过了第一个专门针对巫术的法令；但是五年之后的爱德华六世统治时，这部法令又被废除了。1558 年伊丽莎白登基之后，开始日益关注巫术的危害性：女王对各种密谋活动都很敏感——特别是那些来自天主教西班牙人的密谋，以及威胁其王位的任何魔法。

猎巫运动在英国的勃兴，很可能是由于 472 名重要的新教流亡者返回了英格兰。他们曾亲眼看到了在斯特兰堡、法兰克福、苏黎世、日内瓦或者伯尔尼对巫师的火刑。1560 年，约翰·朱厄尔主教在伊丽莎白面前如此布道：

> 那种人（我指的是男女巫师）在最近这些年里，在您的国家里已有不可思议的增长。他们的罪恶已经表露无遗。您统治下的臣民日渐憔悴、色气尽失、言语迟钝、神离魄散。因而，您可怜的臣民对您最为卑贱的乞求就是：应该颁布处置这些犯罪分子的法律。

结果就是 1563 年颁布了"反对施咒、施魔和巫术"的法令。这部法令所规定的刑罚是相对轻缓的——用魔法谋杀

班贝格市的巫师室，这是猎巫运动期间一种臭名昭著的牢房。一个接受审讯的老年女人戴着铁镣铐，被锁在墙上。

他人自然要判处死刑，但如果是巫师所为，则只需要戴颈手枷和监禁一年，再犯的时候才会被没收财产——并且禁止酷刑逼供。但无论如何，这部法令开启了英国一个世纪的猎巫运动。

英国法原则上是禁止酷刑的——尽管对于叛国案件，国王、枢密院或者星室法庭会授予一道特别许可。然而，没有制度规定犯人应该在什么样的条件下监禁。他们可能被关在散发恶臭的、老鼠横行的洞里；他们也可能被拒绝给予食物和水，不让睡觉。并且，还有可能把刑具展示给他们看，威胁对他们用刑。这些方法一般已经足以获得想要的认罪供述。但是在这些暴行中间，还有一丝的仁慈：在英国，巫师不会被送到火刑柱上活活烧死，而是被绞死。

英国最早对巫师使用酷刑是在1645—1646年间，当时自称为"寻巫将军"的马修·霍普金斯在东安格利亚开展了他的审讯。霍普金斯最喜欢的逼供方式是让巫师"游泳"。他从苏格兰詹姆斯六世（也即后来英格兰的詹姆斯一世）的《魔鬼学》那里找到了这样做的正当理由：

> 对大不敬的巫师，上帝已经作了一个神奇的标记，并指示水不会接纳他们，洗礼的圣水也不会庇护他们。

具体做法是把巫师的右手拇指绑在左脚拇趾上，然后将其沉入水中。如果他们浮了起来，就是有罪；如果他们沉入水底，就是无罪——但是很可能被淹死。在 1645 年夏天，一个英国议会委员会谴责了这种做法，于是霍普金斯不得不改用其他手段。他强迫犯人两腿交叉坐在凳子上长达数小时，或者让他们在牢房里来回走四五天而不能睡觉。对 70 岁高龄的犯人雷夫·约翰·洛斯，霍普金斯的助手们轮替着：

> 好几个晚上不让他睡觉，让他在牢房里来回跑，直到喘不过气来。然后让他休息一小会儿，再接着跑。他们这样做了好几天，直到他筋疲力尽，几乎不知道自己在说什么或者做什么。

在这种状态下，洛斯承认了自己与魔鬼达成了协议，对牲畜施魔法，把一艘船沉到哈里奇港。

霍普金斯特别相信"魔鬼标记"的说法，并且通过用锥子刺痣、胎记或者疤痕的方法来检验他们是否流血或者疼痛大叫，从而"发现了"很多巫师。在霍普金斯作为专职"寻巫者"的 18 个月里，各地对这种锥刺服务的需要是如此之大，以至于他和他的同伴约翰·斯特恩斯雇了四个助手，从一个村庄走到另一个村庄，寻找可能存在的巫师。他们还可能会使用一种在把手里面装置了弹簧的假锥子，锥子看似刺入了嫌疑人的肉中，其实是锥尖缩进了把手。1646 年霍普金斯被迫退休，于当年死于肺结核。

马修·霍普金斯自封为"寻巫将军",于 1645—1646 年间在东安格利亚搜寻巫师。在被迫放弃对女巫施以"游泳刑"之后,他主要诉诸使人意乱神迷的手段,例如迫使受刑人连续几天不能睡觉,直到他们承认所有事情。

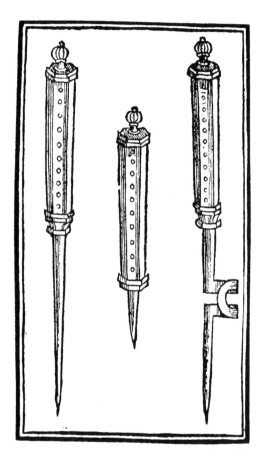

雷金纳德·史考特在《发现巫师》一书中，展示了一把真正的锥子（最上面的一把），以及两把假锥子。这些有弹簧的锥尖可以缩进中空的把手里。当用假锥子刺向受刑人的肉体时，看似刺了进去，但其实是锥尖缩进了把手里。因而女巫不会叫出声来，也不会流血。

让一个老妇人"游泳",以判断她是不是一个女巫。受这种待遇的犯人很少能活下来。如果他们浮起来了,就是有罪,会被绞死;如果沉下去了,就是无罪——但犯人往往又会被淹死。

1563 年苏格兰的女王玛丽·斯图亚特颁布法律，也把巫术确定为犯罪——这跟英格兰是同一年。随后进行了一些审判，被认定有罪的巫师们被烧死。但是直到玛丽女王的儿子詹姆斯六世统治时期，猎巫运动才在苏格兰真正站稳了脚跟。该运动始于北贝里克的巫师案。

1590 年，在爱丁堡 16 公里开外的特伦奈特，副执政官戴维·西顿对他的年轻女仆吉莉·邓肯的行为产生了怀疑。他对她用刑，"在她的手指上使用拇指夹，这是一种能导致剧痛的酷刑；还用绳子捆绑并勒紧她的头部，这也是最残酷的刑罚之一"。但是吉莉没有承认任何事情，直到西顿寻找到她的魔鬼标记。他宣称是在她的喉咙上找到的，然后她就承认受了"魔鬼的邪恶诱惑和怂恿"。

关进牢房之后，她很快就供出了许多同案犯，她说她们不仅仅在行巫，还在开展一项针对詹姆斯国王的邪恶密谋。在她供出的同案犯中，有受人尊敬的接生婆阿格尼丝·桑普森，有学校校长约翰·菲安，还有两位"被誉为在爱丁堡居民中最诚实的女性"——克利夫顿霍尔勋爵的女儿尤菲米娅·麦克莱恩，以及芭芭拉·内皮尔。她说，密谋的发起人是弗朗西斯·赫伯恩、博思韦尔伯爵和国王的侄子——如果詹姆斯国王死后没有继承人的话，他有权继承王位。

詹姆斯国王在荷里路德宫亲自对阿格尼丝·桑普森进行了审讯。在否认了所有 53 项指控之后，她被剃光毛发，身体的每个部位都被检查了一番，直至找到魔鬼标记。然后，她戴着"巫师笼头"被锁在牢房的墙上——"巫师笼头"是一个铁框子，有四个齿塞到嘴巴里，其中两个齿顶住舌头，两个齿顶住脸颊。为了让她无法睡觉，她的头还被绳子勒着，直到她招供。

大部分指控都是有关简单的民间魔法的，如用咒语治病，等等。但是最终阿格尼丝屈服了，她交代了在 1589 年万圣节前夜，她是如何跟一群女人和六个男人，坐着筛子从利斯飞到了北贝里克举行大狂欢。在那里，他们施法掀起一场大风暴，意欲在詹姆斯国王与丹麦的安妮结婚后返回苏格兰的途中，把他的船沉掉。

随后，芭芭拉·内皮尔和尤菲米娅·麦克莱恩也供述了类似的故事，并指认约翰·菲安为魔鬼指令的记录人。约翰·菲安反过来又在他的供述中牵扯出博思韦尔伯爵，但是随后又翻了供（据说是在博思韦尔伯爵亲自到牢房拜访他之后），并且不管再怎么用刑，他都拒不开口。

约翰·菲安和阿格尼丝·桑普森绞死后被焚烧。尤菲米娅·麦克莱恩没有得到这种仁慈待遇，她被"活活烧成灰烬"。芭芭拉·内皮尔因怀孕而得到豁免，并且在一段时间之后被释放。博思韦尔伯爵在多次尝试劫持詹姆斯国王失败之后，最终逃出苏格兰，到意大利避难。

发现这一密谋后，詹姆斯国王开始相信巫术的存在。

1645 年在艾塞克斯郡的切姆斯福德，四个被认定为行巫的女人被吊死。在右边有标记"D"的那位就是马修·霍普金斯，他正在领取报酬。

1597 年他出版了《魔鬼学》。1603 年伊丽莎白女王死后，他成了英格兰国王，并在伦敦再版了这本书。1604 年，他命令颁布一部新的关于巫术的英国法令，就像其他欧洲国家那样，将行巫视同与魔鬼订约。但是，这部法令颁布后不久，他亲自处理了几个案件，然后他的观点开始慢慢改变，到统治末期，成为一个坚定的无神论者。

尽管如此，在苏格兰，对巫师的审判仍在继续，甚至在行刑数量和酷刑的恐怖程度上很快就超过了德国。1596 年 6 月，一个"臭名昭著的女巫"——奥克尼郡的艾莉森·鲍尔弗——被用刑靴拘了两天。在她受刑的同时，她还得看着她 81 岁的丈夫被压在 318 公斤重的铁块之下，她的儿子被穿上"西班牙靴"，靴子上的楔子被敲击了近 60 下，把腿挤得稀烂，她的小女儿被戴上拇指夹。她的仆人托马斯·帕尔帕"被刑靴拘了长达 11 个日夜；14 天里一天两次被穿上'西班牙靴'，同时赤裸着身体；他还在法庭上被皮鞭抽打，被打得皮开肉绽"。

1618 年在艾尔郡的欧文，一位市政议员的妻子玛格丽特·巴克利被指控用巫术沉掉了一艘船；一位流浪汉约翰·斯图尔特被指控预先知道此事。他又揭发了一位同案犯伊索贝尔·英什以及她 8 岁的女儿。伊索贝尔被用刑后认罪，但是她试图从囚禁她的教会钟楼里逃脱出来时，从屋顶上掉下来摔死了。约翰·斯图尔特用帽子上的绳带把自己吊死了。

1590 年北贝里克的女巫被告发后，她们被带到国王詹姆斯六世面前，接受他在荷里路德宫的亲自审讯。

但是玛格丽特遭受了埃格林顿伯爵所谓的"最安全温和的酷刑"——"给她的双腿带上枷，然后往里面敲铁棍子"。当她再不能站起来时，她哭喊道："取下来！取下来！当着上帝的面，我什么都可以说。"但是在审判时，她又翻供了："我所有的招供都是挨不过酷刑才说的，当着上帝的面，我所说的全都是编造的、不真实的。"——尽管如此，她仍然被定罪，判处绞死后焚烧。

在用刑过程中，玛格丽特还曾揭发了第四个人——伊索贝尔·克劳福德。她也"令人钦佩地没有任何大吵大闹。虽然有将近190公斤以上的铁块压在腿上，但她从没有退缩，一直保持着镇定"。她最后承认了被指控的罪行，但是被释放后又全部否认了，直到临死前都坚称她是无辜的。

1652年，两个来自苏格兰的难民告诉一个英国委员会说，他们和其他四个被指控人——已经死在了酷刑之下——是如何被绑着拇指吊起来，用鞭子抽，用火烧脚趾缝、嘴巴和头部。

苏格兰一直到18世纪都坚信巫术的存在。1705年在法夫郡的皮滕威姆，16岁的帕特里克·莫顿指控比阿特丽克斯·莱恩、伊索贝尔·亚当、珍妮特·康福特和其他人对他施魔法。比阿特丽克斯·莱恩被用刑后，被单独监禁在黑地牢里长达5个月。她最后在缴纳罚金后被释放，但被勒令从城镇中逐出，最后因受刑所受的伤而死。伊索贝尔·亚当也在缴纳罚金后被释放，但是珍妮特·康福特被一群暴徒抓获，被用绳子绑着拽到海湾。在那里，暴徒们把她绑在海岸和船之间摆来摆去，并用石头砸她。最后，他们让她躺在门板下面，然后在门板上堆满石头，把她压死了——"为了确保把她压死，他们叫来一个人带着马和雪橇，在她的尸体上来回碾压了多次"。

苏格兰最后一次对巫师行刑是在1727年。一些人研究了在苏格兰被处决的巫师总人数。有报告称苏格兰长老会承认烧死了差不多4000人；1891年《苏格兰评论》的一篇文章详述了1590—1680年间3400人被处决的情况。1938年，乔治·布莱克列出了1800名巫师的名字，他估计总数是4400人。

第八章
酷刑工具

对于那些暴虐的审讯人而言,单纯地击打、鞭打或者利用火、水来行刑是不够的。他们需要精巧的专用行刑工具,以制造更为剧烈的痛苦——并且,为了逼取进一步的供述,痛苦还可以逐步升级。

拉肢架

最臭名远扬的、也最广为运用的行刑工具可能就是拉肢架了。人们从远古年代就开始使用它。古希腊神话中有一个名叫普洛克路斯忒斯的强盗在通往雅典的路上出没,他有一张铁床,所有不幸落入他手中的人都会被放在铁床上。如果他们比这张床长,普洛克斯忒斯就砍掉长出来的部分——砍掉的是头还是脚,他不在乎——扔下悬崖,喂给那里的大乌龟;如果他们比这张床短,他就把他们拉到跟床一样长。最后他被传说中的英雄忒修斯杀死了。

我们从阿里斯托芬的《蛙》(见第 1 章)中可以得知，在古希腊的法律审讯中，拉肢架就已被用作刑讯方式之一。它也被罗马皇帝特别是提比略所使用（见第 1 章），但是它当时的构造细节已经无从知晓了。

尽管几百年来使用过的拉肢架形色各异，但是其基本原理都是一样的。受刑人的手被绳子绑在拉肢架一端的横梁上，然后他们的身体慢慢地被拴在脚上的绳子所拉伸。起初，他们四肢和腹部的肌肉尚能支撑拉力，随后四肢的韧带和肌肉纤维都会被拉断，首先是胳膊，然后是腿部，韧带和肌肉本身的纤维都被撕裂，进一步拉伸会使腹部肌肉断裂，如果酷刑还继续下去的话，四肢会从关节中脱臼，最终彻底断裂。

约翰·福克斯在他的《殉道录》中讲述了基督教殉道者圣金帝诺所受的酷刑：

> 行政长官大发雷霆，命令通过滑轮将圣金帝诺进行残酷的拉伸，以至于他的四肢都脱臼了。然后，行政长官又下令用绳子抽打他，把滚烫的油、沥青和融化的脂肪泼到他身上。没有什么刑罚或者折磨还能再增加他身体的痛苦了。

从罗马时期到中世纪早期，很少有关于使用拉肢架的记录，但是从宗教裁判所建立时起（见第 3 章），世俗政权开

这是在德国特别流行的一种拉肢架——受刑人不仅被拉伸，而且还要靠在成排的镶满钉子的滚筒上。

始越来越多地使用拉肢架。它在法国被称为"小马",在西班牙被称为"梯子",在德国被称为"架子"。

当时的拉肢架既有竖起来的,也有平放着的。它由一个敞开着的、长方形的、木头或者铁的架子构成,长约两米多。当竖起来时,受刑人的手腕被绑在上方的横梁上。拴在脚上的绳子悬挂着重物并逐渐增加分量,或者是搭在架子另一端的绞盘上,由两个行刑人转动绞盘。

当平放时,拉肢架被抬到距离地面大约一米的高度。受刑人躺在其中间的地面上,行刑人用绳子将其手腕和脚踝绑到两端的横梁或者绞盘上。(还有一些拉肢架在架子上有横搭的板条,受刑人躺在板条上:这种拉肢架往往被称为"梯子"。)所有四根绳子都可以发力,但是首选的方法是拉动两个绞盘上的绳子。这需要四个人配合工作。每个人都带着转动绞盘的手柄:一个人保持绳子紧绷,另一个人把手柄插入绞盘的卡扣后进行绞动。一开始,受刑人被从地面上拉起来,随着每一块肌肉被拉紧,他们与绞盘就保持了水平状态;然后再接着进一步拉伸。

更进一步的改良是:给绞盘安装了防倒转的棘齿。这样改良之后,每转一次绞盘,绳子都能保持紧绷,所以只需要两个人来操作拉肢架就可以了。再后来,拉肢架末端的中间位置安装了一个木头滚轴,滚轴每一端有一个绞盘。这样,只需要一个人拉动绕在滚轴上的绳子就能行刑。虽然根据规定，应当始终有独立的见证人在场听取从受刑人那里逼取的口供，但实际上往往只有行刑人一个人在场——他独自报告的供词就足以确认受刑人有罪。

有时是绑着受刑人手拇指和脚拇趾，把他固定在拉肢架上。根据一个法国人的记载，皮埃尔·德鲁克涉嫌偷马，因而被送上了拉肢架。在拉肢架已经转过了 12 个轮齿之后，他仍然坚持说自己是无辜的：

> 于是下令……再转 3 个轮齿。受刑人回答说，如果是他干的，那一定是魔鬼占据了他的身体和灵魂。当又转过 3 个轮齿后问他话时，他什么也没有回答。

> 于是一名外科医生被叫来了，他检查后说，受刑人的呼吸暂停，如果得不到休息，就有窒息死亡的危险。

> 听到医生这么说，受刑人被放了下来。医生给他喝了药酒后，他恢复了知觉。于是再一次受到审讯，但是他仍然否认有罪。行刑人把绳子又拉到之前那个强度，受刑人的回答只是大声尖叫；命令再转过 2 个轮齿，受刑人仍不回答，医生再次检查他的状况后说，受刑人右手拇指脱落，濒临死亡……

> 于是行刑人彻底放开受刑人，把他抬到火堆前面的床垫上。在医生和药酒的帮助下，他又恢复了

知觉。他再次接受讯问，仍然回答说他从未单独或者伙同他人实施任何犯罪。

法国有一种水平拉肢架的变体，外观是一个轮子。受刑人被绑在轮子上，手绑在头顶，脚绑在地上。当轮子转的时候，他们就被拉伸，就像在拉肢架上一样。

有些德国地区还使用了一种形式与众不同的拉肢架——把受刑人的胳膊和腿都用细绳绑在拉肢架上，绳子在受刑人的四肢上会缠绕三次，然后在绳子和架子之间插入棍子。当棍子被转动时，细绳会逐渐收紧，直至勒入不幸的受刑人的肉中。

英国人约翰·库斯托斯于 1743 年落入里斯本宗教裁判所的手中，遭受了同样的命运。他被指控是共济会会员，被勒令揭发共济会的秘密。他平躺在拉肢架上，脖子上戴着一个铁项圈，脚被绳子绑着，绳子被两个铁环拉得紧紧的。两根小指粗细的绳子缠绕住他的四肢，穿过拉肢架边框上的洞。行刑人四次拉紧绳子，直到库斯托斯因为疼痛和失血过多而晕过去。然后他被带回了地牢。

六周之后，库斯托斯的伤口有所愈合，他又被带回了审讯室。这次他被绑在了另一种类型的拉肢架上。他的胳膊水平地拉伸、勒紧，手掌朝外。拉肢架逐渐把他的胳膊向背后拉伸，直到手背靠在一起。两个肩膀都脱臼了，血从他嘴里涌出。但他始终保持沉默。被带到地牢后，医生在那里再把他的骨头接上。

两个月之后，他再次被刑讯。他被迫靠着一堵结实的木墙站着，墙的两端都有一个滑轮。一根链子在他的肚子上绕了两圈后，拴在手腕处的环上。绳子与这些环连在一起，穿过滑轮搭到滚轴上。当滚轴转动时，他的胳膊慢慢地再次脱臼，同时链子也深深地勒入他的肉中。尽管遭受了如此可怕的酷刑，库斯托斯仍然拒绝泄露共济会的秘密。这一事件引起英格兰的公开抗议，引来了外交干预。

简·博霍奎阿是被葡萄牙宗教裁判所用过刑的众多女性之一：

> 这个年轻生命被拖去用刑。当从审讯室回来后，她全身颤抖，四肢都被拉肢架拽得脱臼了，以至于当她躺在席子上时，疼痛更加剧烈，根本无法休息，每次翻身都很痛。
>
> 她还没有从所受的酷刑中恢复过来，就再次被带到拉肢架上被残酷折磨，绳子勒进她的胳膊、大腿、小腿，并且深切入骨。她就这样被带回了牢房，奄奄一息，她口中很快吐出大量的血。毫无疑问，他们伤及了她的内脏，因而在用刑八天之后她就死了。

德国使用过的一种拉肢架被称为"奥地利梯子"，这是

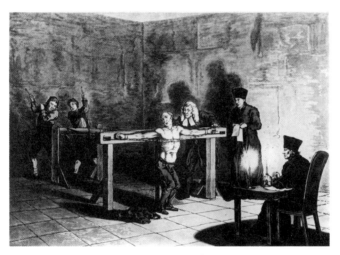

这是拉肢架的另一种形式，类似于 1743 年里斯本宗教裁判所给约翰·库斯托斯用刑的拉肢架。绳子和链子紧绷着横过他的胸部和手腕，他遭受了极大的痛苦。

一种宽的、像梯子一样的架子，能以一定角度斜倚在审讯室的墙上。受刑人半蹲着，背靠梯子，手腕绑在身后的梯子横档上。绑在脚踝的绳子连着梯子底端的一个绞盘。当绞盘转动时，胳膊被拉到他的背后，直到两个肩膀脱臼。

德国的另一种拉肢架是传统的水平拉肢架，但是在架子上有布满长钉的滚筒，当受刑人被拉伸时就会转动。类似的刑具在意大利也使用过：当受刑人被水平拉伸时，一颗钉子就会立刻钉入他的背。这种刑具被称为"警醒"，这是一个非常恰当的名字，因为它必然使受刑人时刻不断地绷紧肌肉保持警醒，以避免放松后钉在钉子上。

斯凯芬顿镣铐

这似乎是一种仅在英格兰产生并使用的刑具——尽管它实际上是对一种印度酷刑"绳刑"（见第9章）的非常精巧的改良。它被称为"斯凯芬顿镣铐"，有时也被称为"清道夫的女儿"。它是由亨利八世时期的伦敦塔官员伦纳德·斯凯芬顿爵士发明的。

这是一个分成上下两半的大铁轮，用铰链连在一起。受刑人的手被绑在身后，半跪在下半个铁轮上。然后行刑人骑在他的背上，迫使他弯腰，并用螺丝钉把两半铁轮拧在一起。当螺丝钉愈加拧紧时，身体就愈被挤压在一起——胸部挨着膝盖，肚子挨着大腿，大腿挨着小腿。慢慢地，脊椎骨脱臼，胸骨和肋骨被折断。

在伊丽莎白一世统治时期，有两个耶稣会会士托马斯·科特姆和卢卡斯·科比遭受了这种可怕的酷刑。当时的一位编年史家约翰·斯托记载了他们是如何被指控为叛国罪的：

> ……他们背叛了爱和责任，抛弃了他们的国家，遵从教皇的权威而生活在海外……这些人宣誓对罗马教皇效忠，无论何时都遵从于他……因为这种意图和目的，他们引诱女王热爱的臣民密谋杀害女王。

1580 年 12 月 5 日，科特姆和科比被带到伦敦塔，接受斯凯芬顿镣铐的惩罚。据报告，科特姆"鼻子流了很多血"。此后，他们在牢房里待了将近一年，直到 1581 年 11 月 20 日才被带到威斯敏斯特宫的法庭上，"陪审团判定他们有罪，他们被处以绞刑、剖肠和分尸"。

另一位受刑人是托马斯·米亚，他被指控与爱尔兰叛军勾结谋反。1581 年他被带到伦敦塔；伦敦塔的一面墙上还有他刻下的字："托马斯·米亚曾被单独禁闭于此，受到斯凯芬顿镣铐的折磨。"

然后，米亚被交给拉肢架的行刑人托马斯·诺顿，"用他们认为合适的拉肢架来对付他"。但是米亚似乎没供出什么有用的信息，因此，他在当年年末被释放，回到了爱尔兰。

在 18 世纪，皇家海军中有一种与之类似的刑罚——把脖子和脚后跟绑在一起。犯人坐在甲板上，一支火枪置于膝盖下，另一支置于脖子上。然后行刑人把这两只火枪捆到一起，捆得如此之紧以至于血从犯人的鼻子、嘴巴、耳朵里涌出。

拇指夹

1684 年的一份苏格兰文件提到"一种新的被称为拇指夹的发明"，但是有记录表明，早在 1397 年就有这种设备。它被引入苏格兰，要归功于托马斯·戴利埃尔。他于 1652 年曾被关押在伦敦塔，但是后来成功逃狱，并成了俄国军队的一名将军。当 1660 年查理二世复辟时，戴利埃尔回到苏格兰，据称他带了一些俄国的拇指夹回来。

最初的拇指夹只不过是一种挤压工具，就像夹坚果的钳子一样。后来有了一种更为精巧的改良形式——由两根短铁条组成，一根铁条上面有三个杆，插入另一根铁条的三个孔里。受刑人的拇指或者其他手指的指尖伸入两根铁条和三个杆构成的空间里，行刑人可以将其拧得越来越紧。

戴利埃尔在审讯一位名叫威廉·斯彭斯的犯人时用了这种刑具："用这个精巧的刑具拧他的拇指，并且告知他，还将拧他身体的每一个关节，直到他招供为止。他因为受不了这个而屈服了。"

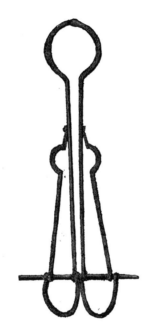

一种斯凯芬顿镣铐或称"清道夫的女儿"的变种。

在查理二世统治时期，拇指夹被用于审讯一些被指控密谋杀害国王的人，其中包括威廉·卡斯泰尔斯。他是一位著名的苏格兰牧师，因为涉嫌"黑麦屋密谋"而于 1683 年被用刑。伯内特主教在《当代史》一书中作了如下记述：

> 行刑人把刑具带来，大法官要求用拇指夹对他用刑。之后让他休息了一小时，然后继续用刑。螺丝一点一点地拧紧，直到他几乎晕了过去；行刑人用的劲道很大，用刑至极，以至于拇指夹都拆不下来了，直到制造这种刑具的铁匠用他的专门工具才把它拆下来。

因为缺乏证据，卡斯泰尔斯被关押 18 个月后被释放了，随后他把拇指夹展示给 1689 年登基的威廉三世看。威廉三世坚持试了一下这种刑具，并表示自己肯定受不了这种酷刑，什么都会招的。他在一封给枢密院的信中，毫不犹豫地下令把拇指夹用在亨利·内维尔·佩恩身上：

> 根据确凿的证据，我们确信有一个可怕的密谋，想要推翻我们的政府和古老王国的整个根基，将已过世的詹姆斯国王和教皇的权威引入整个王国，并建立新的政府。其中有多位策划者和执行者，爱丁堡城堡的犯人内维尔·佩恩是这场阴谋的一个棋子。我们要求你们严格审讯内维尔·佩恩。如果他顽固

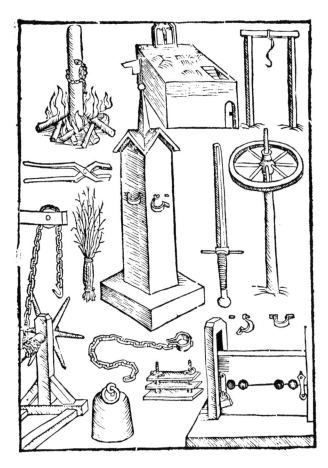

这是一张较早时期的版画，展示的是 15 世纪德国的审讯中所使用的各种行刑工具。底部中间展示的是拇指夹的一种原始形式。

不化或者不识相的话，你们应当用刑，在法律允许
的范围内使用最为严酷的手段。其供述与公共安全
密切相关，要全力以赴。

据说佩恩戴了两天的拇指夹，还被施加了其他的酷刑，
但是他没供出什么，最终被判处 10 年监禁。

拇指夹在欧洲其他的很多国家被使用。在德国，它们被
制作得更加可怕——装上钉子，扎入受刑人手指的肉中。

刑靴

刑靴被那些见证者描述为"世界上最剧烈和残忍的痛
苦"。正如伯内特主教所说："在枢密院，只要有人被套上这
种刑靴，几乎所有人都会招供以免受痛苦。因为场面太恐怖，
所以如果没有命令是不会使用的。"

尽管这种酷刑被称为"刑靴"，但是"夹板"这个术语
能更加准确地描绘这一刑具的最常见形式。受刑人坐在凳子
上，在每条腿的两侧各绑一块板子。这些板子——据说"与
防止兔子啃小树而用的短护板一样"——紧紧地绑在一起。
然后用锤子把木头或者金属楔子敲进夹板之间。在"常规刑
讯"中用四个楔子；在"超常规刑讯"中用八个楔子，能产
生剧痛，受刑人的腿骨经常被夹裂或者夹断。

在法国，类似的刑具被称为"系带靴"，这个名字来源

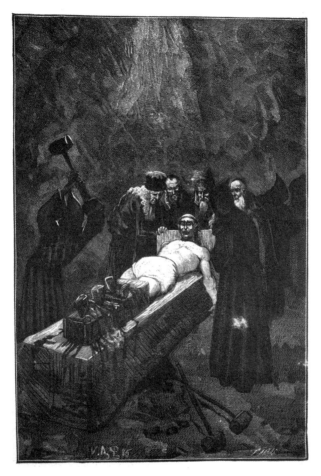

1633 年在法国的卢丹，乌尔班·格朗迪埃神父被指控与魔鬼订约，诱惑大量的修女。他被套上了刑靴——"行刑如此严酷，以至于他的骨髓从裂开的腿骨中渗了出来"。

于演员所穿的长及腿肚子的系鞋带的靴子。在英国,这种靴子被称为"中筒靴"。这种刑具是一个靴子样式的木制刑器,大小刚好能放下两条腿。弗兰西斯·拉瓦莱克于1589年刺杀了法国国王亨利四世,行刑人用这种刑具逼其交代同案犯:

> 拉瓦莱克被下令套上刑靴。当第一根楔子敲进去时,他大喊道:"上帝可怜我的灵魂,宽恕我犯下的罪吧!我从没有向别人说过我的想法。"

> 当敲入第二根楔子时,他哭喊并尖叫道:"我是一个罪人,我发誓我所知道的都已经交代了,我向上帝和法庭说的都是事实……我恳求法庭不要让我的灵魂陷入绝望!"

> 行刑人继续敲第二根楔子,他又哭喊道:"上帝啊,把这种痛苦作为对我所犯罪行的救赎吧;啊上帝,我接受这些折磨以满足我的罪行……"

> 现在第三根楔子敲到了更低位置,接近他的脚了……他晕了过去。行刑人给他嘴里强行灌酒,但是他无法吞咽,也没说话。他被放了下来,脸上和手上被泼了水,并被强行灌下一些酒,然后能说话了。他被放在垫子上,就这样一直到正午。

拉瓦莱克最终又被刑讯了一阵,之后被四马分尸。在苏格兰,类似的刑具是铁制的。它被用在对约翰·斯普雷尔的审讯中。斯普雷尔于 1681 年在爱丁堡被指控密谋杀害约克公爵（即后来英格兰的詹姆斯二世、苏格兰的詹姆斯七世）。詹姆斯本人和托马斯·戴利埃尔以及其他贵族也都出现在审讯室：

> 行刑人把斯普雷尔的脚置于刑靴中，每讯问他一次，就敲击楔子大约五下……当用这种刑罚不能再问出信息时，他们命令把旧刑靴拿来，声称行刑人用的这个新刑靴不如旧刑靴好用，因此把旧的拿来，让他又受了一遍刑。但是他还坚持之前的供述。戴利埃尔将军抱怨说第二次刑讯时行刑人敲得不够用力；行刑人说他用了全身力气，然后让将军自己去敲。
>
> ——罗伯特·伍德罗，《苏格兰教会蒙难史》

对女性也会用这种刑罚。1631 年 2 月 1 日，苏格兰枢密院下令"上午 10 点钟，在爱丁堡的莱兹议会厅对玛格丽特·沃德使用刑靴，全体议员参加"。

更加暴虐的改良是臭名昭著的"西班牙靴"，包括苏格兰在内的很多国家都使用它。这种刑靴是铁制的，并且有一个螺丝装置来挤压腿肚子。如果受刑人受了这个刑罚还没有屈服，那么行刑人会把刑靴放在炭火中逐渐加热，直到痛苦难以忍受。

法国对刑靴作了各种更为精巧的改良。其中一种方式是使用柔软的皮革制成的高筒靴。行刑人让受刑人穿上这种刑靴后靠近烈火，再把滚烫的热水倒进里面。另一种方式是让受刑人穿上由羊皮纸制成的湿袜子，然后靠近烈火。羊皮纸被烤干后收缩，导致极度的痛苦传遍整个腿部。

铁姑娘

没有哪个刑具是比"铁姑娘"更残忍的。莱曼诺夫斯基上校称曾在马德里见过这种刑具，并说它"在制造残酷的精巧性上超过了所有其他刑具"。它的存在仅仅是一个传言，因为这个刑具并没有实物流传下来。在19世纪早期，它甚至被认为是虚构出来的。但是在1832年，纽伦堡的档案管理人迈耶博士证实，这种刑具以前曾在那里的城堡中使用过。最终，在迪德里克男爵的古董藏品中找到了一件"铁姑娘"，随后在1838年的英国出版物《考古学》中被记述。

"铁姑娘"有一个由铁皮制成的圆锥形身体，顶部是一个女性头部形象，戴着帽子和拉夫领，立在一个木头底座上面。身体前面有两扇门，打开门，受刑人就进入了"铁姑娘"的怀抱。在一扇门的内部钉着13根方形截面的长钉，另一扇门钉着8根。这些长钉的位置是精心设计的，当门慢慢关上时，它们就会刺入受刑人的重要器官。另外还有两个钉子安装在脸部位置，用以刺穿双眼。

莱曼诺夫斯基上校还讲到了一个类似的刑具，很像希腊暴君纳比斯的刑具（见第 1 章）。《珀西轶事》和后来弗雷德里克·肖伯尔的《天主教的迫害》中都有描述：

> 半岛战争期间（1808 年），当法国进入托莱多时，拉萨尔将军拜访了托莱多的宗教裁判所。那里有大量的刑具，特别是拉伸肢体的刑具……即使久经沙场的战士，在这里也感受到了极度的恐惧。其中有一种精巧的刑具值得特别加以描述。
>
> 在一个与秘密观众厅相连的地牢里立着……一尊木头雕像，由修道士们手工制成，是圣母玛利亚的形象。雕像头部金光闪闪，右手拿着一个旗帜。参观者第一眼看到它就被惊呆了。在光滑且充满褶皱的长袍下面，她身披胸甲。靠近仔细查看，雕像身体的前部布满了极为锋利和细窄的刀片，刀尖对着参观者。
>
> 雕像的胳膊和手是连在一起的；雕像背后有个机械装置，能使雕像活动。拉萨尔将军命令宗教裁判所的一个仆人操作这个装置。当雕像向前伸出她的胳膊，就像怀着最大的爱意把人拥入怀抱一样。一位波兰士兵把他圆鼓鼓的背包塞到雕像怀里，充当一个受刑人。

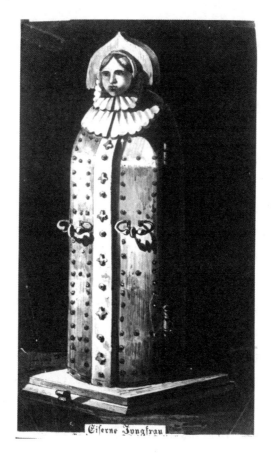

臭名昭著的"铁姑娘"。

雕像把它抱得越来越紧。当仆人再次打开雕像的胳膊，让它恢复到原来的姿势时，人们发现背包被扎了5厘米—7厘米深的洞，并且还被挂在钉子和刀刃上。一个熟悉宗教裁判所的人向参观者介绍了这个刑具通常的使用方法：

"被指控为异端分子，或者亵渎上帝或圣徒，或者顽固地拒不认罪的人会被带进这个地牢，地牢深处有数不清的灯置于壁龛周围，映照着木雕头部和右手的旗子。木雕对面是一个小祭坛，犯人在这里接受圣礼，两个牧师诚挚地劝诫他在圣母面前如实认罪。他们说：'看，圣母玛利亚多么慈爱地向你张开双臂！在她的怀抱中，你的铁石心肠都将被融化；你将在那里认罪。'同时，雕像开始伸出胳膊，犯人惊慌失措地被拉入她的怀抱。雕像把他拉得越来越近，挤得越来越紧，直到钉子和刀子刺入他的胸膛。"

铁椅

我们在第4章已经讲过了对烤架的使用，在第5章讲过了对"西班牙椅"或者铁椅的使用。后者曾被罗马人对基督徒用刑时使用过：

　　七把铜椅子被搬了进来，七位在对圣布拉斯的行刑期间从他身上收集圣血的女性坐在上面，每人一把椅子。然后这些椅子被烧得通红，火花四溅——就像从烧到最热的熔炉中飞出来的火花一样。她们的身体被烤焦了，以至于所有站在旁边的人都闻到到了烤焦的气味。

　　铁椅的历史悠久。那不勒斯国王斐迪南七世（1810—1859）曾经多次发动战争，经常抓获战俘。为了审讯这些战俘，他下令专门设计并制造了便携式的铁椅，可以折叠后放在骡子背上。椅子腿是尖的，从而可以牢牢地固定在地上。椅座底下是一个可以放置炭火的盆。

其他刑讯或者刑罚工具

　　其他各种类型的非人道刑具也曾被使用——特别是作为一种刑罚工具，而非作为一种逼取供述的刑讯工具而被使用。其中最著名的刑具之一是"浸水椅"，简单来说就是把椅子或凳子拴在一根长杆的末端，或者是靠机械操纵，或者是靠人工操纵。有时它被安装在有轮子的手推车上，被称为"投石机"。有时也会用到一种特殊的囚车，也叫"泼妇车"，带两个轮子和大约4.5米长的长臂，用这个长臂把浸水椅伸到水里。以前在威尔特郡的伍顿巴西特就有过这种囚车，其木头边框上还刻着"1686 年"这个时间。

受刑人被绑在浸水椅上，然后被浸入水中——一般是浸入泥泞的或者恶臭的池塘里。可能会反复浸入、拉出很多次，直到受刑人几近淹死——至少有受刑人被淹死过。这种刑罚用于惩罚泼妇和妓女，在英格兰和苏格兰都很流行。

英格兰使用浸水椅的记录超过了两个世纪。1534 年，肯特郡桑威治镇的两名妇女因有不检点的行为而被赶出城镇，并被警告如果回来的话，就要坐浸水椅或者带枷示众。1671年在约克郡的韦克菲尔德：

> 鉴于鞋匠威廉·法雷特的妻子简被指控经常肆意谩骂他人，给她的邻居造成了极大的烦恼和困扰，因此下令把她公开浸水，并由塞尔比的治安官将其头和耳朵按入水中三次。

18 世纪到德比郡的一位访客写道："一种惩治泼妇的稀奇且非常有效的刑具就是浸水椅。为了家乡的利益，我要拿到这种刑具的设计图，并将其移植到伯克郡。"在沃里克郡索瑟姆 1718 年的教区文件中，详细记录了制造浸水椅的成本。一个到访达文特里的人画了一个浸水椅的图样，得到了 3 先令 2 便士；木匠、油漆匠、铁匠都有各自适当的报酬；还有 9 先令 6 便士用于挖一个足够深的乡村池塘。

1745 年 4 月 27 日，《伦敦晚报》报道说："一个在金斯

正在使用中的浸水椅。受刑人被绑在浸水椅上，然后被反复浸入水中。

顿经营酒馆的女人，因为谩骂而被法庭判处绑在凳子上浸入泰晤士河，有两三千人围观。"

在英格兰，最后一次使用浸水椅的记录是 1809 年在赫尔福德郡的莱姆斯特。珍妮·派普斯——又名简·科伦——坐在安置于手推车上面的浸水椅中，在街道游行。该浸水椅中间的柱子 90 厘米高，横梁 8 米长。1817 年，一个乡下女人萨拉·利克也被判处这种刑罚，但是当队伍到达河边时，才发现水太浅了。

约翰·霍华德在《英格兰和威尔士的监狱状况》第二版中，记载了他 1779 年到利物浦的布莱德维尔时所看到的一种不同寻常的浸水椅：

> 院子里有一个水车，女犯人每周都被绑在上面接受训导。这里还有一个新式的、奇特的浴缸，浴缸的一端是一根长杆，其末端绑着椅子。所有女犯人进来后，先被问几个问题，然后就被绑到椅子上，浸入浴缸三次。立法者下令在监狱中安装浴缸，本是为了清洁和防止犯人生病，他们肯定没有想到，浴缸会被用来施加任意危险的酷刑。

浸水椅肯定是从英格兰漂洋过海到了美国。1818 年，有记录说一位名叫玛丽·戴维斯的女人因为谩骂而被公开浸水。1889 年，一位名叫玛丽·布雷迪的女人被指控在泽西城经常肆意谩骂。正如曾任伦敦塔狱吏的杰弗里·阿博特所说："根据他们的法律书籍，多疑的律师们发现谩骂在新泽西仍然是可以被指控的犯罪行为，并且浸水椅仍然可以使用，因为当新法出台时，它并没有被废止。"

另一种针对妇女的常见刑罚是"泼妇笼头"，或者叫"口钳子"，乔治·赖利·斯科特在《酷刑史》中写道：

> 这种笼头是铁制的，样式类似于头盔，但只是一个框架，不会阻挡视线，也不会影响除舌头以外的其他部位的活动。笼头有一个伸入嘴中用于塞住口的铁舌头，能有效地使受刑人保持安静。据说，这是一种令人极为不舒服和残忍的塞口物……在英国很多博物馆中保存的样品表明，笼头曾经有各色样式，其中一些毫无疑问能造成严重的痛苦和伤害。即便戴上这个笼头的时间很短，也一定能算作一种酷刑。在一些案例中，伸入嘴中的铁舌头就像马刺一样很锋利，或者上面布满小钉。

特别是在苏格兰，笼头还用于惩罚巫师。北贝里克的巫师阿格尼丝·桑普森就曾受此刑罚（见第 7 章）。巫师被认为能随意变成各种动物，并能在空中飞行，而笼头正是为了防止这一点。

苏格兰有一种不太严酷的刑具——铁颈项圈，用于惩罚

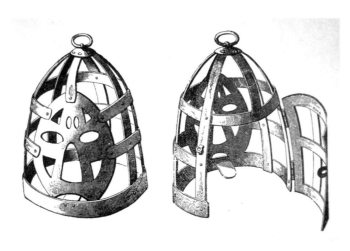

"泼妇笼头"，或者叫"口钳子"。在右图中可以清楚地看到伸入嘴中的
铁舌头。

不做礼拜等行为。这是一种锁在犯人脖子上的铁项圈，还带着一根链子，可以将人栓到教堂的门廊或者城镇的集市的十字架上。亨利·马钦在他的《日记》中写道：

> 1553 年 6 月 30 日，一个年轻人被铁颈项圈套
> 着脖子拴在柱子上，另一个人被链子拴在柱子上，
> 两个人用鞭子抽打他们，因为他们假称是预言家，
> 发表无礼的、煽动性的言论。

铁颈项圈尽管一般是被用作一种临时性的刑罚措施，但是有时也会导致严重的后果。1541 年在伦敦，约翰·波特因为被指控因阅读圣经而犯罪，被带到纽盖特监狱，戴上铁颈项圈。后来他晕倒后，因被项圈勒住脖子窒息而死。

还有一种不同寻常的酷刑，只找到一份关于它的记录，即穆尔西亚的西班牙宗教裁判所对胡安·范·海伦的行刑。1817 年 9 月，他被指控一项政治犯罪，但是他坚决否认。在牢房里，行刑人用两根很高的拐杖撑在他的腋下，使他的双脚离开地面。他的右胳膊被绑在一根拐杖上，他的身体和双腿则被绑在两根拐杖上，同时他的左手被置于一个很合手的木头手套中，手套有两个铁杆伸到他的肩膀处，以使其保持平衡：

> 牵引我的胳膊的手套似乎跟一个轮子连在一起。
> 当轮子开始转动时，我感到剧烈的疼痛，特别是从

苏格兰的一种铁颈项圈。尽管这是一种较轻微的刑罚方式，但是有时也会造成致命后果。

肘部到肩部一阵抽搐，我的脸上直冒冷汗。审讯仍
然继续着；此刻我正承受着巨大的痛苦，只听到行
刑人的问话："是这样吗？是这样吗？"后来我疼得
晕了过去，再也听不到这些禽兽的声音。

——《宗教裁判所史》

踏车和曲柄

英格兰已经废除了酷刑，浸水椅和泼妇笼头之类的刑罚
也不再使用了，但是到 19 世纪，监狱当局又找到了其他折磨
人的手段，其中之一就是踏车。亨利·梅休在《伦敦的监
狱》一书中写道：

踏车是丘比特先生出的点子，他是一名来自萨福克郡洛
斯托夫特的工程师。这位绅士在和治安官参观了贝里·圣·
埃德蒙兹监狱后，认为大量的犯人在监狱里成群结队地闲逛，
这完全是对时间和精力的无谓浪费。治安官说："丘比特先
生，我真希望您能够给我们一个建议，采取一些方式让这些
家伙动起来。车轮会不会有用？"

一个突如其来的想法在丘比特先生的脑海里闪现，丘比
特先生喃喃自语道："加长的车轮！"但仅对治安官说"我想
到了一个办法，但需要再琢磨琢磨，你等我的消息吧"。他
告辞后，经过深思熟虑，把设想需求付诸实际，发明了踏车，

这毫无疑问是曾经发明过的最无意义的机器，但也是全国各地监狱都采用的一种机器，其作用就在于占用犯人的时间。

威廉·丘比特1851年被封为爵士，他曾发明了一种自动控制风车轮叶的设备，后来又建立了牛津和利物浦的运河、东南部的铁路和柏林自来水厂，并成为英国土木工程师学会的会长。与上述这些显著成就形成鲜明对照的是，踏车毫无价值。

丘比特的发明最早于1817年安置在伦敦的布里克斯顿监狱。它是一个巨大的轮子，就像水车一样，但是很宽，踏板可以容纳10—40个并肩站立的犯人。他们可以抓着头上的横档，从一个踏板走向另一个踏板。犯人们必须步调一致地踩踏板，才能使轮子转动；如果有人没有踩踏板，或者与其他人的节奏不同，就会被绞进轮子里。

这就等于攀爬没有尽头的台阶。在轮子上踏15分钟，即便是身体最强健的犯人也会筋疲力尽。15分钟结束后，铃声会响，第二队犯人替换第一队。第一队休息15分钟后，再上踏车。总的来看，每一队每天要踏大约15次。

尽管监狱提出可以把踏车用作一种工业动力来源，但是没人接受这一点。相反，轮子仅仅被用于转动监狱院子里的巨型风车；甚至还可能安上船帆，从而增加轮子的阻力，这被称为"磨风"。

这种形式的苦役在英国监狱广泛使用了大约25年。继而

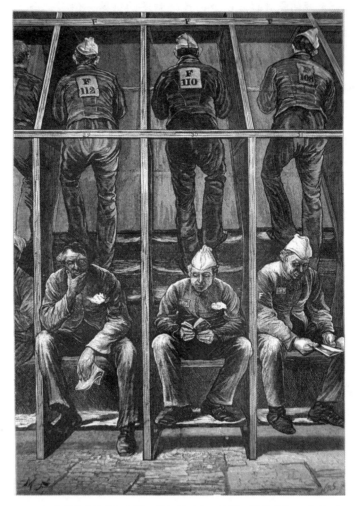

1874 年伦敦的克拉克维尔矫正所里的踏车。前面一排是踏了 15 分钟后正在休息的犯人。

取代它的是"曲柄"。其形式之一是在支架上立一个铁鼓，并从一侧伸出一个曲柄把手。把手连动一个轮轴，一连串小铲子安装在上面；这些小铲子从鼓的底部挖起沙子来，当轮轴转起来时，铲子又把沙子倒掉，再挖起，再倒掉。

铁鼓前面有一个刻度盘，可以记录曲柄转动的次数。犯人被要求在一天内转动曲柄 1 万次。一个负责调查伯明翰监狱状况的委员会报告说：

> 我们确信，为了完成这种工作，一个男孩必须耗费相当于拉马车的马日常工作四分之一的力气，而在常规的监狱劳动中，则只需大约相当于其十分之一的力气。在监狱缺吃少喝的情况下，没有哪个犯人——不管是成年犯还是青少年犯——能连续数日一直从事这么大劳动量的工作。

委员会得知了 15 岁的爱德华·安德鲁斯的遭遇。他因为盗窃 1.8 公斤牛肉而被判处监禁三个月。监狱让他转曲柄，但是他没能完成要求的转动次数，所以只能挨饿。数日之后，他又没能完成任务，于是又给了他同样的惩罚。

第三次时，他弄坏了刻度盘——不知道是故意的还是无意的，还是转动时太过用力，于是他被勒令穿上"惩罚夹克"——这是一种约束衣，有一个又高又硬的皮领，以致男孩"吃不到一片放到他嘴边的面包"；穿着这种约束衣，他被绑在墙上站立了数个小时。

在一个月时间里，安德鲁斯遭受了一连串这样的惩罚，后来守夜人发现他用绑在牢房窗户的一根栏杆上的吊床带子把自己吊死了。

电刑

对电的使用是 20 世纪对酷刑的显著贡献。最早的电刑就是把受刑人连到军队的"发报机"（见第 11 章）或者公用电源上，但这种操作对受刑人和行刑人都很危险。土耳其的警察局有一部"发报机"，据说是专门用于此目的。1972 年，土耳其一位遭受警察暴行的人说：

他们把电线连到我的手指和脚趾上，让电流通过我的身体……一会儿之后，他们又把电线从我的手指上取下，连到我的耳朵上。他们瞬间加大电流，我的整个身体和脑袋可怕的颤抖起来。我的门牙开始碎裂。同时行刑人拿着镜子对着我的脸说："看看你可爱的绿色眼睛发生了什么？很快你就什么也看不到了，你会失去意识。看，你的嘴巴里已经开始流血了。"

——大赦国际，《地狱一瞥》

有一种专门为电刑而研制出来的刑具，叫"阿波罗"，伊朗国王的秘密警察以及后来的宗教警察都使用这种刑具。它可以把电流传递到身体的敏感部位。在施刑时还要把一个钢头盔罩在受刑人脑袋上，并放大他的尖叫。

现代技术制造了一种更为有效的仪器，它被称为"行刑人最普遍使用的现代行刑工具"——电警棍，源于农民所使用的赶牛棒。与传统警棍相比，脉冲放电的现代警棍能造成百倍以上的伤害。生产商说，20世纪80年代的生物医学研究是电警棍得以发展改良的基础。

英国内政部曾委托英国法医科学服务中心调查这些电击设备的效果。他们的报告指出：半秒钟的放电就能震慑受刑人；1秒—2秒就能使其站立不住；3秒—5秒就会导致骨骼肌肉完全丧失控制力。电击效果能持续5分钟—15分钟。

电警棍据称只用于维持秩序，但实际上也是一种有效的酷刑工具。其最常用于阴部、乳头或者嘴唇（都是身体最敏感的部位），有时也用于手指、脚趾或者耳垂。

他们还经常使用便携式的带电防暴盾牌。这种盾牌由透明的硬塑料制成，其中植入了金属条。按下手柄上的按钮放电时，会产生明亮的蓝紫色的电火花和令人恐惧的噼啪声。它能制造4万伏—10万伏的电压。在生产商录制的一段录像中可以看到，受刑人瞬间就被击倒在地，无法动弹。

更进一步的改良是一根可以通过远程控制来发出电击的带子。它由俄亥俄州克利夫兰市的特别技术股份有限公司研制而成，被称为"远程控制电动监禁技术"。公司的推销手册上写道："如果你的腰间戴着这么一个奇特装置，只要别人按下手中的按钮，就能让你大小便失禁，那么从心理学观点看，你将会怎么样呢?"

尽管它主要用于控制监狱犯人，但很显然有可能被当作故意施加酷刑的工具。其他同样精巧的刑具无疑也在不断被研制出来。"人对人的不人道"是无止境的。

第九章

古代中国、日本和印度的酷刑

早在 20 世纪之前，中国就以奇于用刑和精于用刑而闻名，但是正如乔治·赖利·斯科特在《酷刑史》中所写：

> 之所以会有这种名声，要归因于小说里对酷刑的描述，大多都源于那些耸人听闻的小说家的丰富的想象力……中国官方允许使用的那些酷刑……在奇特程度或残酷程度上超过很多据称更加文明的国家的观点，是非常值得怀疑的。

中国在审讯不配合的证人或者逼取犯人口供时，也使用类似于"西班牙靴"和拇指夹的刑具。葡萄牙人曾德昭在他 1655 年在伦敦出版的《中华帝国志》一书中对此作了描述：

> 用在脚上的刑具叫作"夹棍"，由三块并排的木片组成，中间一块固定，左右两块活动。脚放在里面进行挤压，直到脚后跟的骨头被挤到脚里头。

用在手上的刑具叫作"拶子"，是在手指头中间夹
一些小木板，然后用力挤压。随后会用纸封住手指，
让它们那样待一段时间。

乔治·斯当东爵士于 1810 年所著的《中国刑法典》中
也写到了对这些刑具的使用。酷刑特别适用于抢劫犯或者杀
人犯。并且，如果第一次用刑没能取得口供，法律还允许再
用一次。但是，对于不满 15 岁或者 70 岁以上的、生病的或
者残疾的嫌疑犯，不能用刑。"夹棍"多用于男犯，"拶子"
多用于女犯。

如果这些方法都不能逼取有用的信息，行刑人会使用笞
刑——有节奏地击打受刑人的脚板。这种刑罚看似轻缓，但
很快就会导致受刑人进入歇斯底里的状态。有时是打光屁股
而非脚板。在更为严酷的审讯中，会用一根裂开的竹板行刑。
竹板的毛边像刀刃一样锋利，每打一板子，都会撕裂皮肉。
据曾德昭说："很多犯人都死于笞刑。"

在清朝，行刑人在豆腐块上练习，直到十分擅长打板子，
以致可以打几百下而不见血，或者打两下就皮开肉绽。

亨利·诺曼爵士目睹了打屁股的笞刑，他在《远东的民
众与政治》中写道：

> 又噼里啪啦打了几分钟之后，犯人嘴里发出一
> 阵沉重的呻吟。我走上前去，看到他的脸都青

了……然后开始充血，虽然刚开始时他是自愿地安静地趴着，但是现在则需要一帮人把他紧紧按住。

亨利爵士还写到了另一种酷刑"跪铁链"——犯人脸朝下跪着，用绳子把他手拇指和脚拇趾绑起来，从而使身体的整个重量都压在一圈铁链上，铁链的环扣边缘很锋利，这一般足以确保从嫌疑犯那里得到口供。

对于不太严重的犯罪，中国人会使用一种类似于欧洲的颈手枷的刑具，称为"枷"。曾德昭称其为"枷号刑"：

> 这是一大块厚木板，中间有一个脖子粗细的洞。他们把犯人的脖子卡在中间，上面贴着两张巴掌宽的纸条，写着他所犯罪行和判刑原因；这纸条也作为封条使用，表明枷号没有被打开过。犯人带着枷号在大街上游行，根据罪行轻重，游行 15 天、20 天乃至 30 天不等。枷号刑最大的残酷之处是：在这段时间里，这些枷号不会从犯人脖子上取下，不管晚上还是白天。

这种刑罚可以追溯到 3000 多年前的《易经》：

> 噬嗑卦，上九。何校灭耳，凶。

因为一戴上枷号，犯人的手就够不到他的嘴，所以如果没有亲属或者朋友帮忙的话，他可能会饥渴而死。

对犯有通奸罪的和尚，会使用一种比枷号更重的刑罚。

甚至到 20 世纪，中国的犯人还要受枷号刑。每天都要戴着锁在脖子上的沉重木板游街示众。因为枷号要戴长达一个月时间，所以他们不能自己吃饭，需要靠其他人的帮助才能活下去。

B. 皮卡特在他的著作《法事》中写道，寺庙用烧红的铁棍在犯人的颈部穿一个洞，再穿一根长铁链子。然后把他剥到只剩内衣甚至剥光，由另一个和尚牵着他在大街上乞讨。每当他想要用手托起铁链子以减轻痛苦时，另一个和尚就会用鞭子抽他。这种刑罚要一直持续到犯人为他所在寺庙乞讨到足够的善款，以赎回他的罪行。

如果犯的是死罪，中国人一般会使用绞刑或者斩首刑。但最著名也最恐怖的死刑是凌迟或者叫"千刀万剐"。这种酷刑的残暴程度带有一定随机性。行刑人带来一个用布盖着的篮子，里面放着各种各样的小刀，每把刀上面都标着身体的一个部位。他随机拿出一把刀来，按照刀柄上所标注的身体部位开始切肉。据说，犯人的家属会贿赂行刑人，让他先拿标着"心"的那把刀，以尽快了结犯人的生命，少受折磨。

日本

日本人同样因极度残忍而闻名。几百年来，日本的司法机关都把酷刑作为从嫌疑犯和证人嘴里逼取供述的合法方式。1926 年约瑟夫·朗福德编辑和修订了詹姆斯·默多克的《日本史》，该书讲到了四种不同的酷刑。第一种也是最常见的是鞭笞，被打的部位通常是大腿和臀部，使用的是把三根竹条绑在一起的特制笞杖，最多可打 150 下。1873 年官方才废除了这一酷刑，但是朗福德写道：

> 我们有很多理由相信酷刑仍然存在，并且在地方警察局并不少见。特别臭名昭著的是，在朝鲜对被指控谋反的人可以肆意使用酷刑。

"二战"期间，被日本抓获的盟军战俘肯定能提供更多的近期证据。

第二种酷刑被称为"抱石头"，是将沉重的石头放在犯人的腿上，同时让他们跪在一堆锋利的火石上。在第三种酷刑中，受刑人的胳膊和腿被绑得特别紧，并且一直保持这种姿势，直到奄奄一息。在第四种酷刑中，犯人的胳膊被反绑着，然后被挂在钩子上；因为身体重量的缘故，绳子会逐渐勒入手腕的肌肉，直达骨头。

在 17 世纪，德川幕府竭尽全力地要把基督教赶出日本，他们使用了跟宗教裁判所迫害异端分子类似的方法。把信仰基督教的男人、女人甚至小孩剥光了衣服扔进河里。他们还被绑在马背上游街示众，同时向他们泼沸水。还有些被活活丢进火山泉里煮死。1622 年 9 月在长崎市，50 个基督徒被活活烧死；其他人则被绑住四肢，每个肢体都跟一头牛的腿拴在一起，四牛分尸，撕成碎片。

荷兰作家弗朗西斯·卡伦和朱斯特·肖滕在他们的书中

被称为"抱石头"的日本酷刑。沉重的石头放在犯人的腿上，同时让他们跪在一堆锋利的火石上。

讲述了一件令人惊骇的往事。这本书 1671 年被翻译成英文，书名是《日本和暹罗王国的真相》：

> 他们在街道上当着几千人的面，把女人们剥光，强迫她们跪下，拖拽她们；然后让俄国人和恶棍们强奸她们。待她们受尽凌辱之后，再把她们扔到巨大的深桶里，里面装满了蛇。这些蛇钻进她们的身体，让她们遭受无法形容的痛苦。
>
> 他们把粗亚麻绑到母亲和儿子身上，强迫他们互相点燃，对父亲和女儿也是一样。这种做法让受刑人承受了难以想象的折磨和痛苦。他们还把草皮覆盖在犯人身上，然后用滚烫的热水不断地浇灌，持续两到三天，直到将其折磨致死……他们把几百个犯人剥光，用火在犯人的前额烧出烙印，让人们知道这些人被用过刑；然后把犯人们赶入森林之中，并公告要求所有人不得给他们肉、水、衣服或者住处。更多的犯人被关入海边的牲畜栏，在那儿，因为潮汐的原因，海水每一次涨潮都会淹没他们；但是这些人被允许吃喝，以保证能受更长时间的折磨，一般要持续 10 天或 20 天……
>
> 最后，他们发现一个比以前更邪恶精巧的酷刑方法：他们把犯人绑着脚倒吊起来，脑袋伸入井里，然后轮流轻轻地鞭打，就这样一直持续 10 天或 12

天……这种残酷手段迫使很多人放弃了他们的信仰。
还有一些被吊了两三天的受刑人跟我说，他们经受
的这种痛苦完全是难以忍受的，没有哪种火刑或者
其他酷刑能够与之比肩。

至于处决犯人，日本人有一种"21刀处决法"。目击者
曾讲述了对一个叛乱头目的处决过程：

> 凭着超人般的自制力，受刑人安静地承受缓慢
> 和谨慎的切割——首先是脸颊，然后是胸部、上臂
> 和前臂的肌肉、腿肚子；等等。行刑人会小心翼翼
> 地避开所有能立即致命的部位。只要他乞怜，他就
> 会被立即杀死——当然，那些以折磨受刑人为乐的
> 人并不想让他死得太快。

印度

在印度，多种多样的心理酷刑和身体酷刑都被使用。詹
姆斯·福布斯在他的著作《东方回忆录》中描述了一个使用
这两种酷刑方式的典型案子：

> 这个海关收税员生在一个印度教家庭，富有且
> 有声望。相信法庭能保护他的利益，并自信无罪。
> 当一位大臣带着一群武装人士来找他要钱时，他非

常震惊。他们用一系列酷刑来逼取口供。其中一种是一个沙发，上面盖着印花棉布，里面却布满荆棘。这个收税员是一个胖胖的印度商人，他们把他的衣服剥光，令其躺在沙发上。这些来自金合欢树的荆棘又长又尖，不管受刑人是动还是不动，都会被扎到。商人承受这种酷刑两天两夜都没有泄露秘密。行刑人担心他会在他们得逞前就死掉，所以就采取了另一种酷刑。当商人已经奄奄一息时，他们把他从沙发上拖下来，放到地板上。然后把他年幼的儿子——他唯一的孩子——带到房间里，同时带来一个袋子，里面有一只凶猛的猫。他们把孩子放到袋子里，扎紧口。行刑人拿着竹板，准备听到命令就击打袋子，激怒猫去撕咬孩子：这真是撕裂了父亲的心！他供出了他全部的资产。

这非常类似于驱使动物撕咬犯人的案例。税务官们经常为了榨取一点小钱就使用酷刑。他们喜欢的一种酷刑是"绳刑"——只需要用到一段绳子，此外不需要任何工具。靠这段绳子，行刑人利用他的智慧，把受刑人绑成一个最难受的姿势：

用一根绳子或带子绕过犯人的脖子，跟脚趾绑在一起，从而迫使犯人的头弯到脚面。或者把犯人的一条腿尽可能抬高，跟脖子绑到一起，强迫他以这种痛苦的姿势站立。或者强迫犯人把胳膊和腿交叉到几乎脱臼的程度后绑起来，使他动弹不得。在其他案件中，受刑人被剥光，然后把沉重的石头绑在他的后背上，石头锋利的边缘切进肉里……几乎在所有案件中，酷刑都是在印度的炎炎烈日下进行的。

——乔治·赖利·斯科特，《酷刑史》

1855 年，一个关于马德拉斯地区的酷刑调查报告记载了文卡塔切拉·拉贾利和他父亲的遭遇。就因为没有支付 10 个卢比，他俩被"用绳子绑住双腿，头挨着脚，呈一种弯曲的姿势；手绑在背后，石头放置在背上。他俩以这种姿势从早晨 6 点一直保持到中午。毫不奇怪的是，用刑后的第二个月，父亲就死了"。

行刑人经常利用印度的炎热气候行刑。有时犯人被迫在监狱的院子里来回跑好几个小时，或者被锁在手推车上，跟着手推车走好长一段路。或者他们被缝进新剥下来的水牛皮或者绵羊皮里，在太阳底下暴晒；皮子干了以后就开始收缩，逐渐挤压可怜的受刑人的身体，直到他们在极度痛苦中死去。

其他酷刑包括把犯人绑在树上，脸上涂满蜂蜜以吸引红蚁；或者把咬人的昆虫（如甲虫）放进一个小笼子里，然后绑在犯人身体的敏感部位上。

既然行刑人能够开动脑筋想出上述这些简单的行刑方法，

印度一个地区的首席行刑人，拍摄于 19 世纪 90 年代。

就没有必要使用专门的刑具了。一个例外是一种叫作"小猫"的刑具，它由两个有铰链的木头板子组成，用法非常类似于欧洲的拇指夹或者中国的夹棍。它可以用于身体上各个小的和敏感的部位。也有大一号的，用于夹手或者夹脚。

"小猫"的一个变种是：受刑人仰卧横躺在一根厚厚的竹竿上，同时将第二根竹竿横在他的胸部；然后两个强壮的人使出巨大的力气往下压上面这根竹竿。

印度还有一种特有的酷刑——把犯人绑住脚倒挂起来，将辣椒粉倒进他的鼻子，并用一根结实的带子逐渐勒紧他的腰部。据这个案件的报告说，其结果"过于令人作呕，以至于无法用言语表达"。

印度还有一种独有的处决方法——用大象行刑并践踏至死。出版于1823年的《珀西轶事》如是描述：

> 犯人被置于离大象大约 2.5 米远的地方，他的腿被三根绳子绑着，绳子另一头绑在大象后腿的一个环上。大象每走一步，就把他往前拉一点，走 8 步或 10 步，就能把他的每个肢体都拉脱臼了。当大象走了 450 米后，犯人的肢体就松散或者断裂了。尽管身上都是泥，但犯人似乎还有生命的迹象，看起来在承受着极度的痛苦。大约一个小时之后，他被带到镇子外，大象在行刑人的指令下，转过身来，一脚踩碎了犯人的脑袋。

第十章

镇压反对派

　　尽管人道主义者们高唱赞歌，尽管大多数自认为文明化了的国家都在 18 世纪末期从法律上废除了酷刑，但是酷刑还是改头换面在世界上很多地方继续上演着。其中，没有哪个地方的酷刑会比英属印度更加广泛、更加声名狼藉。

　　我们前文已经介绍过了印度税务官使用酷刑的暴虐做法（见第 9 章）。实际上，在东印度公司的统治下，酷刑适用于印度社会的各个阶层。1846 年，西奥博尔德先生——"一位在加尔各答颇有名望的英国绅士"——在去孟加拉的巴拉格布尔旅行时被抢了包，里面有 400 卢比。一小时之内小偷就被抓获。令西奥博尔德先生吃惊的是，地方警长下令对这个小偷用刑。

　　西奥博尔德先生跟伦敦的一些人士——特别是印度改革协会的成员——有联系，他们强烈反对东印度公司在印度的垄断控制。孟加拉总督拒绝对酷刑的使用进行调查，但是 1854 年，印度改革协会在马德拉斯（现被称为金奈）成立了

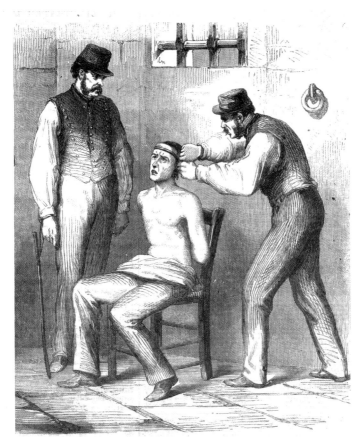

1860 年在西西里岛对一名政治犯用刑。绑在受刑人额头上的绳子越绞越紧，造成剧烈的痛苦。

一个委员会负责此事。

这个委员会存在了 7 个月，在此期间，它听取了马德拉斯各地人民提供的证据。有一位证人作证的愿望极其强烈，竟徒步走了 1600 公里来见委员会。委员会发现，酷刑在这里的使用非常普遍——不仅是在征税或者是在向嫌疑人逼取口供时，它还被用于聚敛财富。最常用的酷刑是"小猫"或者"绳刑"（见第 9 章）。其他酷刑包括：

> ……用绳子捆住胳膊阻止血液循环；拽着胡子吊起来；把胳膊绑在背后吊起来；用烙铁烧；在肚脐、阴部以及其他敏感部位放置昆虫；浸入井中和河中直到几乎窒息而死；不让睡觉；用钳子夹肉；把辣椒粉倒入眼睛或者下体……

如果不是因为 1857 年的印度兵变终结了东印度公司的统治，改革家们的努力可能很快就会见成效。到 1871 年，印度证据法制定了专门的条款禁止刑讯逼供。但是对被使用酷刑的指控仍在继续——数量甚至还增多了。

甚至将近 40 年后的 1908 年仍是如此。一个名叫古拉布·巴诺的女人承认毒死她丈夫之后，被旁遮普的法庭判处死刑。她对此判决提出了上诉，指控警察把她倒挂在地方警察局的屋顶上，用涂抹了辣椒粉的警棍塞入她的肛门。外科医生证实了她的指控，她的上诉得到支持。

但是印度政府是坚定支持警察一方的，因为有比个人犯罪更重要的事情需要他们去解决。德国的威廉皇帝盯上了印度：德国人正在修建一条铁路，通过波斯直达边境，并支持南亚次大陆的民族主义恐怖分子。英国官员被谋杀；1908 年在加尔各答，两个英国女人的马车因被误认为是行政首长的座驾而被扔了一个炸弹进去，她们命丧黄泉。

接下来的五年里，几百个年轻人被逮捕，并被指控为"向英国国王乔治五世开战的同案犯"。尽管很多人都认罪了，但是有消息称，他们是在警察的刑讯逼供下认罪的。民族主义者的报纸控诉警察使用了酷刑，并且证明了警察至少有殴打犯人、向犯人扔石头、不让犯人睡觉、单独监禁、威胁将会加害犯人父母的行为。

对酷刑的控诉，印度政府通过简单粗暴的方式处理——镇压那些胆敢提出控诉的报纸。印度政府还认为：因为没有多少人投诉，所以也就没有多少关于酷刑的证据。政府还说：定罪往往都是基于实物证据的，如追回的被盗财物；等等：

> 警察使用威胁、引诱、恐吓或者虐待等方法，并不只是（也不主要是）为了获取口供，而是为了让嫌疑人交出被盗财物，或者说出被盗财物的藏匿地点……

英国法官比曼并不认同上述说法。他说：

在我看来，可以肯定地说，除了暴力犯罪以外……所有其他犯罪的认罪口供都是直接或者间接地用不正当的方式获取的……即使没有真正地使用酷刑，但是"要对其使用酷刑"这个信息已经足以把一些本来不愿认罪的嫌疑人吓得认罪了。

1914年"一战"爆发后，印度政府采取紧急手段，逮捕了几百个涉嫌恐怖主义的人。而1917年俄国革命又再次引起政府恐慌，一系列法律——即所谓的罗拉特法案——规定了对付"革命的或者无政府主义的犯罪"可以使用的特别手段。圣雄甘地谴责这些法案"对于自由正义原则而言是不正当的、颠覆性的，是对个人基本权利的践踏"。

在接下来的岁月里，不计其数的人（其中很多是无辜者）被监禁。圣雄甘地写信给总督：

领导人或多或少是依法行事，但是手段过于残酷……甚至是下流地进行攻击……我这里有来自孟加拉、比哈尔、乌塔尔、联合省、德里、孟买的控诉，都证实了跟拉特一样的情况……骨头被打碎，私处被碾压……

甚至到了20世纪40年代，民族主义者的宣传册还在谴责警察"使用吊刑，把辣椒粉倒在男人或者女人的私处，用各种工具捅肛门"。英国人莱斯特·哈钦森在他的著作《密拉特阴

两名印度兵被认定参与了 1857 年印度兵变，因而被处决。对于那些致力于
废除酷刑的人而言，印度兵变使他们的工作成效推迟了很多年。

谋》中记述了当时的监狱条件：

> 狱吏以长时间地殴打和折磨犯人为乐。狱卒经常举行"阅兵式"——把他们看不顺眼的犯人按在地上，盖上毯子；然后由他们所信赖的走狗用竹竿隔着毯子打，犯人虽然遭了打，但是没有外伤，因而也就无法证明他的投诉；并且事实上，投诉是不明智的，因为投诉不仅不能矫正恶行，而且还会导致更进一步的惩罚和酷刑。

印度独立后，英国殖民者的这些规则被继承下来。1975 年 6 月英迪拉·甘地夫人宣布进入紧急状态时，人民党领袖苏伯拉罕博士称："警察逼迫人们喝他们自己的尿，把他们浸入冰水，使用电击，连续很多天不允许他们喝水吃饭……"

欧洲革命

在 19 世纪，不管是殖民地还是欧洲本土，对于革命的恐惧都导致了酷刑的复苏。1851 年，威廉·尤尔特·格莱斯顿——后来的英国首相——私下里走访了那不勒斯。当时的意大利四分五裂：北部各州正被奥地利和法国争夺，中部由梵蒂冈统治，南部是那不勒斯和西西里岛两个王国。国家的政治统一是普遍的呼声：1848 年，米兰、皮埃蒙特和撒丁岛向奥地利宣战，同时西西里岛也奋起反抗那不勒斯的统治。格莱斯顿对那不勒斯和切法卢的地牢中因为造反而被关押的犯人的生存条件大为愤怒，因而在英国报纸上对地牢的情况作了详细披露。

他们对西西里岛爱国者的亲戚朋友使用酷刑（主要使用一种拇指夹），逼问这些爱国者的藏身处。在行刑时，他们给受刑人戴上紧绷的皮质嘴套，以阻止其尖叫。

酷刑并不仅仅发生在那不勒斯统治时期。在梵蒂冈，宗教裁判所也抬头了。奥地利北部于18世纪80年代就废除了酷刑，现在又重新启用。费利斯·奥尔西尼在他的著作《意大利的奥地利地牢》中描述了1854年一个奥地利监狱的景象：

> 从我的牢房到审讯大厅时，我经常见到可怜的受刑人在拉肢架上被拉伸。这是一种大约2.5米长的凳子，受刑人脸朝下躺在上面，身体被固定住，不能移动。行刑人站在受刑人左边开始行刑：右手举起一根鞭子，用尽全身力气从右往左抽，嘴里喊"一"；再从左往右抽，喊"二"，然后再继续从右往左，喊"三"……如果受刑人要招供，就停下来记录他的供述。用刑结束时，医生检查后，把受刑人拖回到他的草垫子上。如果他仍然拒不招供，第二天再接着来。

第十一章

20 世纪的酷刑

　　尽管规范战俘待遇的《日内瓦公约》已经被国际社会普遍接纳，但是在 20 世纪的绝大多数时间里，酷刑的使用——特别是在战时的使用——仍在继续，最为臭名昭著的就是"二战"期间纳粹德国和日本的战犯集中营。

　　"二战"宣战时，德国政府在迫害他们自己社会的各个群体（犹太人、吉普赛人、同性恋、政治异见者）方面，已经有相当丰富的经验。考虑他们自己的同胞也被反法西斯同盟国的军队关押在监狱里，德国人通常都谨慎地对待盟军战俘。但是，这种谨慎并没有用到抵抗组织的战士、俘获的秘密特工身上（因为他们不穿制服、不携带服役证明，所以不被《日内瓦公约》保护，他们被认为是间谍）。虽然国际上一致认为，被认定有罪的间谍可以被立即处决，但是在审讯他们时使用酷刑是不正当的。在这方面，盖世太保可谓恶名昭彰。

德国的秘密警察盖世太保成立于1932年3月，成立会议成员包括冲锋队参谋长恩斯特·罗姆、约瑟夫·戈培尔、纳粹党副元首鲁道夫·赫斯以及党卫队队长海因里希·希姆莱。盖世太保有两项职责：德国国内的安全调查，审讯涉及外国颠覆活动和间谍活动的人。

盖世太保作为"元首意志的执行者"，是不受法律约束的，"希特勒给这个国家机器分配的是他所关注的政治任务……以维护他的个人权力、人口政策和征服地的占领政策，迫害所有实际和假想的政治反对派"。

对奥黛特——即彼得·丘吉尔夫人——的审讯充分体现了盖世太保的手段。奥黛特是一个英国特工，于1943年被逮捕，关押在巴黎南部的弗雷讷监狱。有一天，奥黛特被带到位于市中心福煦大街84号的盖世太保总部。她的审讯人看起来"就像刚洗过冷水澡一样"，带着古龙香水的味道。当她拒绝回答他的问题时，第二个人进来，把她的手绑到椅子背后。审讯人走过来，开始解她的上衣纽扣。奥黛特义正词严地说她自己会解。

被松开一只胳膊后，她解开前几个扣子。第二个人就扯下了她后背的上衣，把炽热的烧火棍放在她第三根椎骨处。虽然承受着剧痛，但是奥黛特仍拒绝回答。她被要求脱下鞋袜。杰拉德·蒂克尔在他所著的奥黛特传记中写道：

> 一个人跪在她脚前……把她的左脚放在他的左

手上，用钳子的铁嘴紧紧夹住趾甲尖，然后慢慢地、用力地拽。血很快就渗出皮肤，随着拔出的趾甲而流出来……他抖了抖钳子，趾甲就掉在了地上……

钳子又紧紧夹住下一个趾甲，并缓缓拽下。当趾甲拽出来时，周围的肉裂开来，带来一阵剧痛……她并没有哭喊。好像过了很久很久，她的行刑人站了起来……奥黛特不敢相信地凝视着她脚上的斑斑血迹，以及扔在地上的鲜血淋漓的趾甲。

在行刑人准备对付她的手指甲时，一位盖世太保高级官员进来，命令暂停。数日之后，奥黛特被一个军事特别法庭宣判死刑。但是，因为盖世太保还想要从她那里逼取信息，所以她在弗雷讷监狱又待了一年多。后来她被送到拉文斯布吕克的女子集中营。最后，她奇迹般地活了下来。

被盖世太保行刑的另一名特工是福利斯特·约-托马斯。1944年，他第一次被带到索萨斯大街的盖世太保驻地。在那里他先被殴打，然后两手被铐在背后，用链子锁住脚踝，被扔进冷水浴缸里。在他快要淹死的时候又被拽出来，缓一缓后又扔进去——这样反复了多次，然后再次被殴打。

第二天下午，约-托马斯被带到福煦大街84号的一个小屋，他被铐在从天花板上的滑轮上垂下来的一根长链子的钩子上，然后被吊了起来。布鲁斯·马歇尔在他的著作《白兔》中写道："剧痛从他的肩膀传来，血雾模糊了他的双眼，

他不能自已地呻吟着……恍惚之间，他感受到了从未受过的
惨烈的痛苦。直到天黑才他才被放下来，顿时就瘫倒在了
地上。"

随后，他被锁在桌子上，两腿张开着，三个人用橡胶棒
击打他的脸和身体。接下来他还能回忆起来的就是，他快被
淹死时他们就停手，如此反复了六次之多。当手铐被取下时，
这是他被链子吊起来后第一次看自己的手："手铐上都是血
迹，被严重勒伤的手腕周围的皮肉变成了紫色，他的左手一
直到胳膊肘都肿胀了起来。"

被捕的法国抵抗组织成员也同样受到酷刑——特别是当
他们落在"里昂屠夫"克劳斯·巴比手中时。在亨利·阿穆
鲁克斯的著作《法国被占领期间的伟大抗争史》中，从贝尔
森集中营中侥幸活命的安德烈·佩德隆讲述了那里的"洗澡
刑"：

你看到过阿拉伯人怎么扛羊吧？脚绑在棍子上，然后把
棍子扛在肩上。用类似的方式，他们把你浸入水中，把棍子
横在浴缸上，然后拽着你的头发，让你在里面"游泳"。

在同一本书中，另一位被捕的法国抵抗组织成员迪布勒
伊说他的手指和生殖器被门夹碎了。但是因为太痛苦了，他
没有讲述细节。组织中的另一位女性成员布丽奇特·弗里昂
被捕后，她带着肚子上的枪伤被扔进牢房：

走廊上传来脚步声。这就是了，是冲着我来的，这是跟他们的第一次较量……我是如此恐惧，以至于全身都在颤抖。不能让他们看到。我把我颤抖的手藏在毯子下面，后背上流了很多汗——恐惧使我汗流浃背。

首先她遭受了全方位的殴打：头顶、太阳穴、下巴。先是把她脑袋往墙上撞，然后行刑人——一个法国通敌者——把注意力集中到了她的伤口上。他猛击她受伤的肚子，她发出了尖叫声——她后来写道，当时的愤怒要多于疼痛。然后行刑人放开她的肚子，又开始扎、拉、抽、打她的脸和胸部：

猛击女人的胸部，那一定能让人很满意，一定能发泄所有的怨气……一定使人感觉很有男子气概……如果那是一个 20 岁女人的胸部，会尤其地令人兴奋。

没有哪个嫌疑犯能逃脱得了盖世太保或者他们的法国通敌者的酷刑。布尔塞神父于 1944 年 6 月被捕时已经 66 岁了，后来死于克劳斯·巴比下令对他和其他 87 个人进行的集体处决中。他在死之前受了四次"洗澡刑"。雷蒙德·瓦莱里奥遭受了法国同胞对他施加的酷刑："当我拒不交代时，他们威胁说要夹碎我的睾丸，然后把我再交给盖世太保。"伊夫斯·加约被叉子戳瞎了双眼。毫不奇怪，当战争风向转变，法国重获自由时，抵抗组织成员对他们的行刑人进行了恐怖的报复。

日本人的战俘

在远东战场上，盟军战俘受到残酷对待。日本武士道精神认为投降是耻辱的，战俘应当受到胜者轻蔑的虐待。他们被强制劳动，给特别少的口粮，经常被用藤条或者鞭子抽打，如果胆敢反抗的话还会被刺刀捅刺。

艾尔弗雷德·奥尔伯里在《竹与武士道》中写到了一种普遍的景象："顽固不化的战俘被要求纹丝不动地站在鼓上或者箱子上，或者把铲子、镐稳稳地举在头顶，或者被迫睁大眼睛凝视强烈的日光。"

但是与肯尼斯·哈里森在《勇敢的日本人》中所描述的刑罚相比，这种惩罚还是要轻得多了。（书名中的"勇敢"不是讽刺；虽然哈里森在日本人手中受尽折磨，但是仍认为他们是非常勇敢的战士。）

战俘被绑在三脚架上殴打，或者假装要绞死他，直到最后一刻再把他放下来。日本人还会让战俘连续好几天喝盐水，然后先是允许他们喝冷水，再在他们身上蹦跳或者重重击打他们的胃部，结果是水从他们的眼睛、嘴巴和鼻子里喷出；或者把战俘倒挂起来，把尿液或者碘水倒进他们的鼻孔。还

盖世太保的头目克劳斯·巴比。1987 年在里昂，他终于因为自己的罪行而受审。在"二战"期间，他下令使用酷刑和处决了很多涉嫌与法国抵抗组织有联系的人。在 1944 年的某天，他下令集体处决了 88 名犯人。

有一些战俘被迫跪在锋利的石头上长达几个小时。

阿尔及利亚战争

鉴于法国抵抗组织成员在盖世太保手里的遭遇，法国军队在阿尔及利亚战争（1954—1962年）中也诉诸酷刑的行为就让人惊讶了。

从1848—1962年，阿尔及利亚在体制上是"宗主国"法国的一部分，但是实际上是殖民地性质。绝大多数人口是穆斯林，被少数在经济和政治上有权力的法国殖民者所统治。1954年11月1日爆发了一场民族革命，民族解放阵线的游击队员对法国殖民者展开攻击。

法国军队迅速反应，摧毁了民族解放阵线的总部，但是游击队员的袭击仍在继续。1957年1月，雅克·马苏将军的第十伞兵师进驻阿尔及尔，搜捕并以酷刑审讯嫌疑犯。根据所获取的信息，一位幸存的民族解放阵线领导人本·姆希迪被捕。九天之后，军方的一位新闻官员宣布他"在牢房上吊自杀了……"

很快，关于他的死因的不同报道开始出现：有人说姆希迪企图用一根电线把自己吊死，在送往医院时"还有呼吸"；两位医务人员说他到医院之前就已经断气了，"我们并没有被他表面的伤口所迷惑"。据泄露出来的消息说，他被送交

"二战"期间，入侵的日本人残酷地对待盟军战俘。这是一名澳大
利亚飞行员被公开以"武士风格"处决。

给伞兵师的一个特殊部门，"是他们对他进行了审讯，并杀了他"。

关于使用酷刑和草率处决的风言风语越传越盛，引起了法国民众的焦虑。酷刑早在 1789 年 10 月 8 日就被公开废除了。但是正如 1958 年让-保罗·萨特所说："酷刑既不只针对老百姓，也不是只针对军队……它是席卷我们整个时代的瘟疫。"

一位高级官员在 1955 年所做的《维尧姆报告》中提出一个危险的观点。他说：在法国，警察使用酷刑应当被合法化，因为它已经被广为使用，成为既成事实。尽管《维尧姆报告》被否决，但是阿尔及利亚的警察们使用电、水或者其他手段开展酷刑已经很多年了。

在阿尔及尔之战期间，罗杰·特林奎尔上校负责搜集情报。他在越南已经涉嫌使用酷刑，并且他所使用的那些手段很容易让人想起盖世太保。城市被分为区、分区、街区和楼，每个街区都任命了一位信得过的穆斯林情报员（角色就像纳粹分子），负责报告这个街区里所有的嫌疑活动。

据估计，在阿尔及尔之战期间，卡斯巴城全城 30%—40%的男性都被逮捕，并被交给保卫部门去处理——据马苏将军说，这里全是"专门审讯那些不开口的嫌疑犯的专家"。正如特林奎尔上校写道："如果不费什么力气嫌疑犯就招供的话，审讯会很快结束；否则的话，专家们就得使用一切可

在 1957—1959 年的阿尔及利亚战争期间，微笑的法国伞兵师战士正在威胁
一个战俘。酷刑在这里被广泛使用，超过 3000 名战俘在审讯后"失踪"。

能的手段撬开他的嘴巴。"

一位被征召入伍并在 1958—1959 年成为阿尔及利亚官员的牧师写道：

> 我们被告知，在情报搜集过程中，有一种"人道的"酷刑方式……L 上尉告诉我们五点，我都详细记下来了：（1）酷刑必须是得体的；（2）不能在未成年人在场的情况下进行；（3）不能在施虐狂在场的情况下进行；（4）必须由一位官员或者权威人士主持行刑；（5）必须人道，也就是说：一旦受刑人开口交代，酷刑就必须停止；尤其重要的是，酷刑必须不留痕迹。考虑到上述因素，结论就是："你们可以使用水刑和电刑。"

军队所使用的电刑工具被称为"发报机"，电极可以绑在受刑人身体的任何部位，特别是生殖器上。

《阿尔及尔共和党人报》的编辑亨利·阿莱格是一个欧洲犹太人，他和家人于"二战"期间定居阿尔及利亚。1957年，他被伞兵师审讯了一个月。他第一次受电刑时，一根指头和一只耳朵上被接上电极：

> 电流在我耳朵附近发出巨大的声响，我感觉我的心脏都要跳出来了。（然后他们又换了一个更大功率的发报机。）这次不再是要把你的身体撕成两

半的那种猛烈而快速的痉挛，而是一种长时间的痉挛，全身肌肉紧紧绷住，剧痛占据了我的身体。我的下巴被电流焊在了电极上，无论我怎么努力，都无法张开嘴。

水刑有各种不同形式：捏住鼻子，将一根软管伸进受刑人的嘴里，给他的肚子和肺里灌满水；或者把头反复按进水槽。伞兵皮埃尔·莱利特讲到，一位来自阿尔萨斯的中士手段凶狠，他的受刑人"经常在接触到水之前就已经因为恐惧而窒息了……他喜欢审讯欧洲人，但是来自欧洲的受刑人太少了"。

最早反对在阿尔及利亚使用酷刑的是雅克·德·博拉迪尔将军，他于 1956 年末到达阿尔及利亚。博拉迪尔将军正告马苏将军，他收到的命令"完全违背对人的尊重——而这是我生命的基础"。他写信给军队指挥官，要求在法国公布此事。1957 年 3 月 27 日，他写信给法国《快报》，提醒"有一种可怕的危险，可能导致我们完全抹杀道德价值——而正是这些道德价值创造了我们的文明和军队的辉煌"。因为这一违反纪律的行为，他被判处 60 天监禁。

两天之后，阿尔及尔的秘书长保罗·泰金（见导言）递交辞呈。他说自己"看到了被拘押的人身上的残忍和酷刑，而那正是我自己 14 年前在盖世太保的牢房里所承受过的"。

有关人士劝服了保罗·泰金没有公开他的辞呈，让他继续留职，并把拘留权交由他来行使。这意味着从理论上讲，伞兵师不再能监禁嫌疑犯，最恶劣的行径因而得到遏止。但是到9月，保罗·泰金放弃了抗争，因为酷刑仍被使用。根据他的统计，在这一时期有超过3000个阿尔及利亚人"失踪"。

一位年轻士兵的信里讲了这些人是如何失踪的：

> 他们通常让志愿兵杀死受刑人——这样就不会留下任何痕迹，也就没有今后被扣上"政治迫害"帽子的危险了。我不喜欢这种想法——在战场上射击一个100米开外的小伙子，这没什么。因为目标离得很远，你几乎看不到他。并且不管怎么说，他是全副武装的，完全可以回击或者跑掉。但是杀死一个毫无抵抗力的人……他看着我，我可以看到他的眼睛。这整个事情使我感到恶心。我向他开枪，其他士兵杀死了其余的受刑人。之后几次就没有那么糟糕的感受了。但是我告诉你，第一次真让我特别恶心。

皮埃尔·莱利特还说："一位嫌疑犯死在保卫部门手中后，被埋在花园底下的生石灰里。"有报告称，受刑人的尸体被直升机抛到海里，在阿尔及尔30公里外还有一个万人坑。

敌对状态一直在持续。在法国，1958 年春天，戴高乐从
政治流亡中回归并组建了政府。在 1959 年 9 月 16 日的广播
中，他谈到了阿尔及利亚的"民主自决"。法国殖民者和伞
兵师都感觉自己被背叛了，他们高呼着"阿尔及利亚的法
国"的口号，建立了他们自己的恐怖组织"秘密军队组织"。
但是，法国民众支持戴高乐。1962 年 3 月，阿尔及利亚最终
获得了独立。

但是酷刑仍在继续，既体现在受刑人身上，也体现在行刑
人身上。一位法国巡警后来被判定犯有虐待妻儿之罪，他解释
说：他已经被对阿尔及利亚犯人所做的那些事情所深深地影
响，"伤我最深的就是酷刑。你不知道它是什么，对吧？"

参与最终的和平谈判的路易斯·约克说："我永远也不
会忘记我所遇到的那些年轻官员和士兵，他们对自己不得不
做的事情感到震惊。"

世界范围内的酷刑

具有讽刺意味的是，那些第一批摆脱西班牙和葡萄牙殖
民统治——及其宗教裁判所——的国家，在 20 世纪却因为虐
待犯人和政治犯而变得臭名昭著。大赦国际（见第 13 章）
点出了几乎发生在每一个拉丁美洲国家的例子。其中很多还
殃及年轻人和无辜的儿童。

在阿根廷、玻利维亚、智利和墨西哥，行刑人经常殴打受刑人，"特别针对他们生殖器进行殴打"，以及对他们进行或者威胁进行性侵犯。1976—1983 年的阿根廷在军政府统治下，"对政治反对派的惯常做法就是先绑架、使用酷刑，然后再谋杀"。

很多受刑人都再没有被人看到，成为所谓的"失踪者"。1984 年，新阿根廷政府组建了一个"调查失踪者的全国委员会"，这个委员会报告说，至少有 9000 人遭此厄运，并且很多人是在秘密羁押中心遭受了长时间酷刑之后失踪的。还有一些独立组织估计，这个数字可能接近 3 万。

一些司法专家建立了一支队伍，从死人坑中挖出尸骨来调查死亡的原因和方式。他们得到其他国家的法医人类学家的协助，其中包括著名的美国专家克莱德·斯诺。挖出来的证据包括折断的肋骨、砍断的手指、四肢骨的碎片、有伤痕的牙齿；等等。

很多拉丁美洲国家中的警察都对犯人使用酷刑。在玻利维亚，"敲钟"会造成身体伤害而不留痕迹——把受刑人的头部置于一个金属容器中，然后反复击打容器，噪音和震动让受刑人难以忍受。智利和墨西哥的警察喜欢"打电话"——持续不断地击打耳朵。在厄瓜多尔，雷诺罗·胡拉多讲述了 1993 年士兵对他的审讯："他们在我头顶放了一个水袋，然后开始向我喷水。"

墨西哥警察还使用一种叫作"蜂鸣器"的酷刑——将带电的刺针连接到眼睛、牙龈、舌头、乳头和生殖器上。受刑人身体还会被连接在灯具上或者电缆线上。

仍在使用酷刑的不仅仅是拉丁美洲。阿尔及利亚曾经有几年不再使用酷刑,但是现在又开始普遍使用了。他们喜欢使用一种非常类似于埃里蒙多斯·弗里修斯讲过的手段(见第4章)。受刑人被绑在长凳上或者悬挂在门板上,将一块布条塞入他嘴中,然后不断把脏水往上面倒。1994年,努尔丁·拉达贾尼遭受这种酷刑长达57天。

乍得共和国的秘密警察使用的酷刑叫作"法式面包"——将一根绳子绕住受刑人的头部,然后用两根棍子往紧里拧。这会带来剧烈的疼痛,不用多久,受刑人就会鼻子流血,失去意识。叙利亚的酷刑叫作"德国椅"——把受刑人绑在一个有活动靠背的金属椅上,然后往下拽靠背,从而拉伸脊椎,对脖子和四肢产生强烈压力。这会导致受刑人窒息、失去意识和椎骨断裂。

缅甸的受刑人要"坐直升机"——他们的手腕或者脚踝被吊在天花板上一个旋转的风扇上,边转边打。印度的"飞机"是一种类似的装置——受刑人的胳膊被绑在一根横在肩膀上的棍子上,然后被殴打。苏丹则是"飞机起飞"——受刑人的肘部被绑到膝盖处,然后一根木棍从中穿过。以这种姿势,"受刑人被吊起来好多天。他们给了他几滴水,然后持续鞭打他"。

据大赦国际称,还有很多国家至今仍在使用酷刑,其中包括斯里兰卡、巴基斯坦、阿富汗、伊拉克、印度尼西亚、菲律宾、萨尔瓦多、海地。以色列被公开指控使用酷刑。土耳其警察的酷刑手段是臭名昭著的,希腊警察也因为手段残酷而声名狼藉。在保加利亚和罗马尼亚,少数民族人口被恶毒地殴打。波斯尼亚在种族清洗期间犯下的那些罪行的细节,只是刚刚开始被披露。

第十二章

精神酷刑

在审讯和逼供方面，非肉体性的精神酷刑被使用了几百年，但在 20 世纪达到了一个更熟练的程度。方便起见，我把它分成两种类型，尽管实际效果一般是两者混合使用的结果。

第一种精神酷刑手段是"恐惧"：审讯的最初阶段一般是向受刑人展示酷刑工具，或者至少是威胁要给他"吃点苦头"。从历史上的几百个案例来看，这足以获取口供。

在更晚近的时候，还会进行模拟处决的表演。1849 年 12 月 22 日早晨，俄国作家陀思妥耶夫斯基和其他 20 个被认定犯有煽动言论罪的人，被押到莫斯科的谢苗诺夫校场。长官用折磨人的缓慢语气，宣读了他们的死刑判决。正要给行刑队行刑指令时，一个宫廷武官飞奔来，带来沙皇尼古拉一世的密封文书。长官打开并宣读：刑罚减为流放西伯利亚。事实上，这整场戏都是沙皇一手策划的。

后来，类似手法在近代也被使用，只是熟练程度不同。

有时这样做完全是出于施虐心理，而不是为了获取信息。据说意大利的纳粹军队强迫被俘的盟军战士挖自己的坟墓，同时绘声绘色地描述将要发生在他们身上的事情。这其实完全没必要，除非是为了获取信息而进行的模拟处决；如果不是为了这个目的，受刑人就会不经审讯而直接被处决了。

还有些时候，精巧的模拟处决被用于粉碎受刑人的意志。在很多由行刑队进行模拟处决的当代案例中，受刑人听到枪声后，要反应好一阵子，才能逐渐意识到自己还活着。这种经历造成的紧张情绪的崩溃甚至能摧毁顽强的意志，枪声足以造成长达一生的精神创伤。

其他产生恐惧或者利用恐惧的方法还有：把犯人单独禁闭。被禁闭的犯人感觉自己完全处于行刑人的权力掌控之下，并且有理由相信他们将会遭到酷刑折磨。这些人就是这样用"想象可能发生的事件"来折磨自己。门外的一个足球都能让他们产生极大的恐惧；看守路过门口甚至只是来送食物，都会加剧他们的恐惧心理。

这种方法能否奏效，取决于受刑人是否害怕酷刑或者死亡，并且这种恐惧必须是由行刑人所造成的。正如前文所述，给受刑人展示刑具或者在行刑后让他反思自己的经历，这些都能奏效。其他还有一些相对狡猾的手段，例如，让受刑人看到其他犯人被从牢房带走再也没能回来，或者强迫他观看对其他犯人的酷刑或者处决，或者让他清理刑场、掩埋尸体。

争取罗德西亚（现在的津巴布韦）独立的游击战争从 1977 年持续到 1980 年。犯人被迫在中午的烈日下保持这种姿势，同时一位罗德西亚士兵不断地在他们脸上扣动扳机。

恐惧能被用作一种酷刑，关键是要让犯人自己折磨自己。他必须有一个充足的理由感到恐惧，并且不能习惯于这种恐惧。对肉体酷刑的恐惧最终会消失，原因可能是没有被施加酷刑，也可能是已经遭受了酷刑。看起来令人难以置信的是，受刑人可能会习惯于受刑，除非经常变换使用各种行刑方式。并且一般而言，行刑后让犯人休息一下，让他有时间反思这段经历，这比持续不断地行刑更加有效。

为了使恐惧作为一种酷刑的效果最大化，让受刑人有一些东西可以失去就非常重要。犯人如果不在乎痛苦和死亡，那么，就会忍耐酷刑而不会泄露什么信息。但是，如果威胁他要是不配合的话就会失去些什么，那他就会受到更大的影响。也就是说：以逮捕和刑讯犯人的亲友相威胁，往往能给他一个积极的理由（保护他所爱的人）而非仅仅是消极的理由（别再受刑）去招供。

一种更精妙的手段是：给犯人一些东西，但是如果他表现不好的话，这些东西就会被拿走。有一个故事是这么说的，告诉被监禁的英国士兵，因为他们有轻微的犯规行为，那天只能拿到六块硬糖中的两块时，他们痛哭流涕。把一个人的所有东西都拿走，这反而能使他变得更加强大；但把一个人的绝大部分东西都拿走，从而使留下的东西变得弥足珍贵，这更能使他因为害怕失去这最后一点东西而变得脆弱。

第二种精神酷刑手段是"迷惑"。这可以通过很多方式来实现，如监禁的恶劣条件。在潮湿的、阴冷的（有时则是闷热的）牢房里，经常不见天日，感知不到时间的流逝。如果不给食物和水，或者打乱送食物和水的时间间隔，犯人就会更加迷惑，过不了多久，他们的自信心就会崩溃。

不让睡觉是 16 世纪时希波吕托斯·德·马西利斯所鼓吹的一种行刑手段（见第 3 章），100 年后又被马修·霍普金斯用于从东安格利亚的巫师那里逼取口供（见第 7 章）。在苏联 20 世纪 30 年代的大清洗运动时，它被改良为一种叫作"传送带"机制——多人接续不断地对犯人进行审讯，一次就多达数日。谢尔盖·贝索诺夫是审讯尼科莱·克里斯廷斯基时的控方证人之一，他自己也受到了这种待遇，被连续讯问了 17 天，不给食物、不让睡觉。

现代欧洲和美国的警察在私底下也会使用类似的方法——俗称"第三级"。（有趣的是，这个名称来源于授予共济会第三级会员称号——也即"导师"称号——的仪式。在这个仪式上，候选人要接受长时间的讯问，并经历一次象征性的"死亡"和"复活"的启蒙。）

在 20 世纪 30 年代的美国，警察所实施的第三级审讯有很多种形式。有时犯人会受到肉体伤害，但大多数的时候都是精神伤害。犯人坐在黑屋子里，一束明亮的灯光直射在脸上。审讯人坐在灯后面，犯人几乎看不见他。在回答审讯人的问题时，犯人只能直视那耀眼的灯光。同时他能意识到，还有其他审讯人默不作声地站在他的背后。

这种审讯方式的一个变种是"黑白脸审讯"。先是扮"黑脸"的审讯人厉声呵斥、捶打桌子、使用暴力，进行一阵折磨犯人的酷刑之后，留犯人单独待一会儿，然后进来另一个扮"白脸"的，他把灯光移开，给他吃点东西，递给一根烟。这个人说："听着，我不赞同对你这样行刑。这是不对的。为什么你不告诉我所有的事情？如果你信任我，我保证你再也不会受这种折磨了。"

这种审讯方式还有一个变种是使用"狱侦耳目"。警察买通另一位犯人——或者一看就是犯人的人，并将其和受刑人关押在同一间牢房里，鼓励受刑人谈论他所犯的罪行。

尽管第三级审讯饱受谴责，且经常会被滥用，但毫无疑问的是，很多警察仍在使用它们。美国法律要求供述是自愿作出的。在英格兰和威尔士，1984 年《警察与刑事证据法》要求：如果供述是通过不可靠的手段或条件获取的，那么就要被排除在证据之外；如果是在自证其罪的压力下获取的，也要被排除。

苏格兰和北爱尔兰的法律则与此不同。在北爱尔兰，有确凿证据证明，在爱尔兰共和军嫌疑犯的审讯过程中有精神酷刑的使用。大赦国际指出：他们是通过剥夺睡眠、食物、水，强迫犯人长时间站立，用头罩蒙脸，制造持续的噪音，以及其他"深度审讯"方法逼取口供的。这些方法也被警察和英国陆军所采用。

用药和洗脑

很多当代人士都建议，既然使用酷刑是为了获取信息，那么，对嫌疑人用药可以成功取代所有形式的肉体酷刑。但是，未经当事人许可而对其用药，这是对其人格的一种侵犯——更重要的是，这是一种很容易被滥用的方法。

近些年来，所谓的"诚实药"被制造出来。最常见的是戊硫代巴比妥，其更广为人知的名字是硫喷妥钠。这是一种有短时作用的巴比妥酸盐，有时被用作牙科治病的麻醉剂。有人建议说：在用药后产生的那种接近于无意识的放松状态（或者是用药后马上进入的那种状态，或者是逐渐恢复意识过程中的那种状态）下，人们愿意说出他们之前所隐瞒的真相。这种技术的效果是有争议的。根据大多数国家的法律规定，通过这种方式获取的证据在任何案件中都是不能被采信的。

反之，这种技术有时被证明是成功的：有些人主动要求使用戊硫代巴比妥来证明他们一直说的都是真话。

不管怎样，可以确定的是：在审讯之中，药物会被作为一种酷刑而使用。20 世纪 70 年代在乌拉圭，医生协助对受刑人使用药物，使其产生幻觉或者剧烈疼痛和窒息感。据报告，那些违抗行刑人要求的医生都"消失了"——消失的医生如此之多，以至于国家的卫生保健项目都几乎搞不下去了。

戊硫代巴比妥钠等巴比妥酸盐药物多数被用作安眠药。既然能安眠，就能用在审讯上。虽然没有确凿证据证明这种方法曾被使用过，但是在很多案例中已被充分证明的是，吃了安眠药的人不会说假话、办假事。不管怎样，确有证据表明，经验不足或者不小心的安眠药师会导致持续的精神伤害。因此，有暴虐倾向的行刑人喜欢使用这种精巧的酷刑手段。

还有一种精神控制技术是"思想改造"，俗称"洗脑"。它以各种形式被使用了几百年，被宗教裁判所使用，在沙皇统治时期和苏联时期也被使用。它适用于所有被认为政治不可靠的人——不仅是知识分子，还有农民和士兵。这种方法致力于通过暴力、羞辱和制造罪恶感，从而摧毁一个人的自我形象。然后新的自我形象又通过集中学习得以重建。

犯人们以前的生活方式被否定，并被要求绝对服从于一种新的制度——根据严格的时间表吃饭、睡觉和工作；未经看守许可不得做任何事情；看守到来时，要一直低头鞠躬。任何拒绝服从的行为都要受到惩罚：不给食物，不让睡觉或者用链子锁起来。

监狱官员和狱友（其中很多都已经很擅长于转化他人）也会施加持续的压力，使他们重新审视自己的过往，认识到自己的罪恶，承认他们的犯罪。以长时间的审讯和各种方式

1965—1971 年越南战争期间时被俘的美国飞行员。很多战俘都被"洗脑"——一种政治教化工具。

的"批斗"来保持这种压力，加强学习。

一旦犯人认罪悔罪，就表明他们已经得到了令人满意的"再教育"。他们被送去接受审判和定罪，并且会因为认罪态度好而获得较轻的刑罚。

整个程序可能要持续四年才能完成。思想改造是否彻底，要取决于犯人的人格力量和周围环境。洗脑和催眠术的使用，是理查德·康顿的小说（后来被拍成电影）《谍网迷魂》的情节基础——这部小说讲的是美国战俘被洗脑后，被派回美国刺杀总统的故事。万幸这只是虚构的。

第十三章

"9·11"事件后的酷刑

2001年的"9·11"事件"表明，恐怖分子可以袭击世界上任何地方；与他们做斗争的关键是信息。但是，如果善待被捕的恐怖分子及其支持者，他们就没有真正的动力去交代信息。宣称所有酷刑都不合道德、不能使用，这是不现实的。

问题是：在这个麻烦不断的现代社会中，哪种程度的酷刑是可以接受的？"逼取信息以救其他人"和"彻底的酷刑"之间的妥协和折中在哪里？如果众所周知这个人是个"坏蛋"，那会有什么不同吗？如果不使用酷刑，信息就会获取太晚甚至无用，这怎么办？在"令人不快但是可以接受的"和"不可接受的"之间是有界限的。如果无辜者正在受到攻击，那么，采用一种遥不可及的道德正确观点就太奢侈了。

避免回答上述问题的一个办法是：把犯人交到其他人手里，使用他们反馈的信息而不问信息是怎么获取的。曾有人

这是形形色色水刑中的一种，用于让受刑人经历被淹的感觉。它有时被认为不太残酷，因而是可以接受的——尽管我们也很难证明这种观点是正当的。

士断言，英国政府这些年就是这样做的：把犯人交到那些他们明知会对其用刑的人手里，以换取其所获取的信息。

这种办法除了在道义上遭受质疑外，其风险还在于：所获取的可能是错误信息。如果不问情报是如何获得的，就很难确认情报是否可信。信赖这些情报可能导致更多的疑问，甚至可能导致严重的错误。

伊拉克

2003 年发动的"伊拉克自由行动"，目的是推翻萨达姆·侯赛因在伊拉克的残暴统治，但是这场行动直到今天仍然争议不断。战争很快就取得了胜利，萨达姆被赶下了台。但是，在伊拉克建立一个温和的、长久的政府的努力一直被持续的暴乱所阻碍。

与这种威胁对抗是一项复杂的工作，其中，信息和情报发挥关键作用。从被捕的叛乱者或其支持者那里获取的信息能够阻止更多的西方战士和无辜的伊拉克平民被杀。就这点而言，不难看出残酷的审讯是必需的。很多叛乱者都是极端狂热分子，憎恨西方社会，因此或多或少都不容易被诱惑做交易。他们中的大多数也不惧怕死亡。但是信息还必须从他们嘴里获取。

在战争开始之前，美国政府慎重考虑了使用强化审讯技术的合法性。这些技术包括：让受刑人长时间保持一种能导致肌肉严重拉伤的姿势，不让睡觉，使用水刑。水刑是把受刑人绑在一个倾斜的板子上，脚稍微高于头部，用布蒙住受刑人的脸，将水倒在布上。受刑人除了有被淹的感觉之外，还会有呕吐物进入食道，一旦进入肺部，还可能会导致死亡。

水刑对于受刑人而言是可怕的精神伤害，虽不总是但经常被认为是一种酷刑。使用它的正当化理由是，它不会直接导致肉体受伤害（尽管当受刑人抗拒捆绑时可能引起严重的外伤）。在审讯一些重要犯人时，水刑被视为可以采用的方法之一。

尽管在"伊拉克自由行动"之后的数月中，美国政府普遍认为水刑不是酷刑，但是随后改变了这一观点，这种做法被禁止。对在伊拉克搜集的情报的分析及采取的行动结果表明：用这种方法很少能（如果说有一些的话）得到有价值的情报。这与关于酷刑适用的传统观点是一致的。为了尽快结束酷刑，受刑人很可能会给出虚假信息。如果行刑人的目的是宣传受刑人认罪伏法，那么行刑尚且有些价值；但是如果目的是获取有实用价值的情报，那么行刑就远远没有什么效果。

在伊拉克战争时，大部分有价值的情报是通过漫长的传统审讯乃至单纯的贿赂等方式获得的。另一个因素是对待伊拉克公民的文明、尊重、克制，这赢得了人心，他们自愿地提供信息。如果不这样做，就会产生反作用力，摧毁和伊拉克人民之间的关系。其中，最为过分的事件发生在阿布格莱布监狱。

阿布格莱布监狱

阿布格莱布监狱离巴格达很近。在萨达姆政府倒台之后，成为联合政府的军事基地和监禁中心。因为有传言这里虐待囚犯，所以它在西方臭名昭著，但实际上在 2003 年之前，这里就已经因使用酷刑折磨犯人而闻名了。附近的乱坟岗埋葬了很多在阿布格莱布监狱被处决的犯人，酷刑在那里是家常便饭。

萨达姆政府倒台之后，阿布格莱布监狱被用于关押犯人和被捕的叛乱者。监狱当然是一个冷酷的地方，但是看守人员应该表现得人道。然而在 2003 年，有一些关于阿布格莱布监狱侵犯人权的控诉，其中一些控诉是惯常的虐待手段，例如犯人受热受冻、缺衣少食，或者因为非常小的过错而殴打犯人。这种虐待到底有多普遍？殴打或者惩罚犯人在多大程度上是必要的？这些都还不清楚。阿布格莱布监狱监禁了很多意志坚定的叛乱者，外面还有同伙想要攻打监狱救他们出去。很明显，控制这些犯人是很难的，看守担心管理宽松可能会引发问题也是对的。在这种条件下，严格管控和残暴行

这一张照片使阿布格莱布监狱在全世界臭名昭著。这所监狱现在已经被关闭，再不可能知道当时行刑的真实情况了。

刑之间的界限就变得模糊不清。监狱声称人手不足，对这种困难局面的应急演习也不够。既然如此，这条界限很可能在无意中就被逾越了。

但是有证据表明，看守的一些行为已经远远超出必要的限度，一定是故意为之。据称，其中有一些是官方下令使用的审讯技术，包括：不让睡觉，暴露在过度的噪音中，要求受刑人保持难受的姿势。在美国来看，这些审讯行为并不构成酷刑，因为《日内瓦公约》并不适用于在海外进行的战时审讯。看起来确实如此。这样的话，那些执行酷刑或者命令执行酷刑的人就可能把对酷刑的使用正当化，视之为与伊拉克反叛者进行战斗的必要部分。但是，除了残忍之外，对于某些行为没有其他的解释。

阿布格莱布监狱用刑的证据来自很多渠道，并不全都是可靠的。有明显的证据表明，对犯人使用的一些精神酷刑和肉体酷刑手段与审讯没有任何关系。很多手段跟那些美国兵在接受抵抗训练时所使用的模拟酷刑很类似。这并不必然意味着这些手段是获得批准的，但是那些执行酷刑的人自然会使用他们所了解的手段，再加上一些出于暴虐心理的发明创造。

对犯人使用形形色色的酷刑以摧毁他们的骄傲和自尊，本是为了在审讯中获取信息，但是在阿布格莱布监狱则仅仅是为了施虐。很多酷刑都是性方面的，或者是直接的强奸、鸡奸，或者是强迫犯人表演性行为。看守还将犯人剥光了殴打、在地上拖拽，或者勒令他们叠成人形"金字塔"。有人控诉说，看守骑在犯人背上强迫他们四处爬行；犯人因为非常微小的过错而被处决或者惩罚致死。

　　阿布格莱布监狱虐待犯人的最有力的证据来自看守们自己拍摄的照片，从照片中可以看出他们的同伴很享受对犯人的羞辱。这些照片引起了西方社会的强烈抗议，尽管在伊拉克没什么反应——这说明与萨达姆政权时期相比，2003年后的阿布格莱布监狱被揭露出来最严重的酷刑都算是相对温和的。

　　但情况是复杂的，有人为监狱中的某些行刑行为辩护，还有些官员试图从争论的漩涡中摆脱出来，所以，我们永远也不可能搞清楚阿布格莱布监狱到底发生了什么、谁应当对什么承担责任。但是美国确实对一些负责人做了撤职处分，惩罚了一些人，还将一些人关进了监狱。后来，阿布格莱布监狱回到了伊拉克政府手里，并于2014年关闭。但是关于这些事件的争论仍在继续。

关塔那摩湾监狱

　　关塔那摩湾监狱建于2002年，目的是对高度危险的犯人进行高度监控。它位于美国本土以外，因此钻了法律的空子，看起来似乎不受《日内瓦公约》和相关司法程序的规范。这种观点受到了挑战，并被 2004 年起施行的一系列法律判决所推翻。美国最高法院判定，美国法院对此地有管辖权，并且不得采信有刑讯逼供之嫌疑的证据。

很多被关押在关塔那摩湾监狱的人的法律地位比较模糊。往往是没有足够的证据指控他们犯罪，或者像对待被捕的叛乱者一样对待他们；但是他们又太危险了，不能释放。因此，不加审判地予以监禁是唯一的选择。但是这对于大部分西方公众而言是不可接受的。很多人控诉说，关塔那摩湾监狱使用强制性的审讯手段，并且很多关押在这里的人并不是什么重要犯人，还有一些则是定罪证据并不充分的嫌疑犯。因此，在关塔那摩湾监狱服刑就有可能被一直关押在这里，直到有更好的办法来处理他们——这是永远不可能发生的。因此，很多犯人发现他们的处境很严峻，看不到被释放的希望，这可能也正是为什么犯人会自杀的原因。

关塔那摩湾监狱被控诉的虐待手段有殴打、不让睡觉、强制审讯和宗教虐待。宗教虐待是一种精神酷刑，犯人被迫忍受对其宗教的侮辱，目睹对其宗教圣典的毁坏。对于那些信仰虔诚的人而言，这是一种十分深切的羞辱。除了让犯人保持难受姿势、恐吓犯人等传统的审讯技术外，性虐待、用枪或者有力的工具威胁要杀害或者伤害犯人、被女审讯人羞辱，等等，据说都在关塔那摩湾监狱中使用过。

但从这样一个安保措施极其严密的机构获取有力证据非常困难，从这里被释放的很多犯人所做的控诉也不是确凿无疑的。尽管很难证明，但是已经有足够的控诉和可信的陈述表明关塔那摩湾监狱确实使用过酷刑。当然，这就像我们对很多犯人的认识一样——各方面的迹象都表明他有罪，但就是没有确凿的证据。不论是监禁一个犯人，还是谴责一个机构对犯人的监禁，这种有罪推定都是危险的。

可以确定的是，关塔那摩湾监狱是一个看守极其严密的机构，那些被怀疑极度危险的敌人关押在里面，需要使用强硬的审讯方法才能获取有用信息或者逼取有罪供述。在这种环境下，酷刑是很容易发生的。也正是在这种环境下，正当的严格管理和纯粹的残酷行刑之间的界限必须非常小心地划定。现在关押在关塔那摩湾监狱的犯人已经大幅减少，有人呼吁彻底关闭这所监狱。

ISIS 和未来

ISIS 控制着叙利亚和伊拉克的部分地区，公开使用酷刑，并把他们的暴行视频上传到网络上。最常见的是公开斩首，同时也使用很多其他形式的酷刑。其目的很少是获取信息；对于 ISIS，酷刑是为了制造恐惧，进而控制民众。ISIS 使用的很多酷刑都是传统酷刑的翻版，跟之前萨达姆统治伊拉克和阿萨德统治叙利亚时期所用的酷刑差不多。其中包括吊刑——把犯人的双手铐在背后，然后吊起来。这样，他自身的重量就把他的肩膀拉脱臼。

"飞毯"和"德国椅"则使用一个有铰链的木板和一个可调节的椅子，都是用以迫使受刑人的脊柱保持一种难受的姿势，从而造成强烈痛苦和永久的损伤。殴打也是家常便饭。

公开使用酷刑与大多数国家的信条相背离，大多数国家认为这是耻辱的、令人不快的。但是，对于 ISIS 这样的组织而言，它认为宣扬使用酷刑是有重大意义的。酷刑的目的至少有一部分是用恐惧来摧毁他人的意志。公开行刑人利用大众传媒获得了巨大数量的观众，进而对全世界范围的观众都造成了精神伤害。这种做法自古以来就存在，但是以前主要依赖于口口相传、二手转述，但现在，酷刑处于世界的舞台中心，任何人都可以公开使用。

"必要的严格管理"和"有意施暴"之间的界限，最终就定格在了这里；在镜头前面殴打和斩首，让全世界的人都看到。这都是一小步一小步地往前迈，最终走到这个地步的。在当今社会，完全接受酷刑是不可想象的，但是这种"小步"却容易被人忽视，以其恶小而为之。这正是那些坚决反对酷刑的人所担心的事情，也是那些有责任划定界限的人所必须努力避免的事情。所迈出的每一小步都可能是颠覆性的，一旦迈出去，就很难有什么退路了。

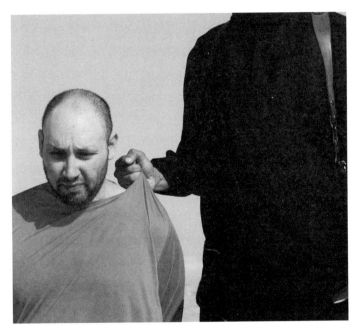

ISIS 公告说明，它使用酷刑和谋杀的目的是恐吓它的敌人，激励潜在的拥护者。这里没有道德灰色地带；ISIS 视酷刑为一种工具，认为使用酷刑完全是正当的。

译后记

有人认为，酷刑变迁是出于文明的进化。如果说人类文明是线性地从野蛮走向人道，那么酷刑史就应该是酷刑衰亡史。但从此书看来，酷刑似乎并没有简单地走向衰亡，而是始终在一些地区或堂而皇之、或偷偷摸摸地存在，甚至越来越精准和精致（见第 10 章、第 11 章）；并且，理性文明人对酷刑的不正当性也并非完全没有疑虑，时至今日还是会有人问：出于营救目的的酷刑算不算正当防卫（见第 1 章、第 13 章）？

有人认为，酷刑变迁是出于治理手段的考虑。统治者看重的不是人道与否而是有效与否，不人道的不一定是残酷的，有效的才是残酷的。如福柯考察到，在作为公共景观的酷刑消失之后，取而代之的不是改革家设想的人道措施而是监狱，因为剥夺自由是对肉体更长期、更有效的规制。但从酷刑史来看，从肉刑到自由刑再到精神酷刑（见第 12 章），总有人受折磨但不屈服；"通过规训肉体来规训灵魂"并非总是如一些统治者所想象的那么有效。

有人认为，酷刑变迁是出于文化的变迁。此书所讲关于宗教裁判所、欧洲猎巫运动的酷刑史（见第 3 章、第 5 章、第 7 章），多是基于特定的中世纪文化而形成。应当说，文化的异质性在很大程度上影响着酷刑的目的、手段和适用规则。但是我们在此书中（特别是第 4 章、第 8 章）也会发现，火刑、水刑、拉肢刑、挤压刑等跨越了文化的边界，在古代社会几乎是全球通用。

有人认为，酷刑变迁是出于经济发展的需要。例如在劳动力匮乏的时期，再残暴的统治者也不会大规模使用砍手剁脚的肢体刑。对于这种观点我们都很熟悉，西方也有学者做这方面研究，如法兰克福学派的鲁舍（Georg Rusche）就曾深入分析从中世纪到重商主义时期再到工业革命后，经济发展是如何直接决定刑罚方式的变迁。在此书中，我们既能看到这种脉络的一些证据，同时也能看到不少背离这种脉络的景象。

就是这样。这个世界就是由形形色色的"有人"构成的。他们可能是旁观者，也可能是现实的或潜在的制刑人、行刑人或者受刑人；他们既是"剧作者"，也是"剧中人"；他们书写历史，同时也是历史本身。在"有人"们的综合作用和相互平衡下，酷刑就成了此书展现在我们面前的样子。

这并不奇怪。在"盲人摸象"的故事中，我们恰恰可以看到人类认识世界的可能性。如果象足够大，在它面前任何人都是"盲人"。我们如实记录每个"盲人"所摸到的"象"，通过整合、拼图，就有可能把握到"真象""具象"。此书正是这项工作的一个很好探索，供读者们参考。

译者

2021 年 8 月

图书在版编目（CIP）数据

酷刑简史：图文版／（英）布莱恩·英尼斯（Brian Innes）著；郝方昉译. --
北京：中国民主法制出版社，2021. 6
书名原文：The History of Torture
ISBN 978－7－5162－2636－0

Ⅰ. ①酷… Ⅱ. ①布… ②郝… Ⅲ. ①刑罚-法制史-世界 Ⅳ. ①D914. 02

中国版本图书馆 CIP 数据核字（2021）第 127605 号

The History of Torture
ⓒ **2017 Amber Books Ltd**
All rights reserved. No part of this publication may be reproduced, stored in a retrieval system, or transmitted in any form or by any means, electronic, mechanical, photocopying, recording, or otherwise, without prior written permission of the copyright holder.
本书中文简体版经过版权所有人授权北京麦读文化有限责任公司，由中国民主
法制出版社出版。
著作权合同登记号：**01-2021-4108**

图书出品人：刘海涛
出版统筹：乔先彪
图书策划：曾健 海伦
责任编辑：陈曦 谢瑾勋
装帧设计：组配の匠

书名／酷刑简史（图文版）
作者／［英］布莱恩·英尼斯（Brian Innes）
译者／郝方昉

出版·发行／中国民主法制出版社
地址／北京市丰台区右安门外玉林里 7 号（100069）
电话／（010）63055259（总编室） 63057714（发行部）
传真／（010）63056975 63056983
http：//www. npcpub. com
E-mail：mzfz@ npcpub. com
经销／新华书店
开本／32 开 880 毫米×1230 毫米
印张／9. 25 字数／185 千字
版本／2021 年 9 月第 1 版 2021 年 9 月第 1 次印刷
印刷／北京天宇万达印刷有限公司

书号／ISBN 978-7-5162-2636-0
定价／59. 00 元

（如有缺页或倒装，本社负责退换）